Gebhard Kohler Theresia F. Honda

KIMYŌ ▪ Band III

Mumyō – Licht-losigkeit vertauscht im Garten-Eden

„Und das Licht scheint in der Finsternis.
Und die Finsternis ergriff es nicht.“
(Johannes 1,5)

Gebhard Kohler Theresia F. Honda

KIMYŌ

Band III
Mumyō – Licht-losigkeit vertauscht im Garten-Eden

Ein Dokument
der Zen-Jou Community Foundation

eos

1. Auflage 2015

mail@eos-verlag.de
www.eos-verlag.de

ISBN 978-3-8306-7708-6

Bibliografische Information der Deutschen Bibliothek
Die Deutsche Bibliothek verzeichnet diese Publikation
in der Deutschen Nationalbibliografie;
detaillierte bibliografische Angaben
sind im Internet unter http://dnb.ddb.de abrufbar.

EOS Druck Sankt Ottilien
Printed in Germany

黄檗泰山書

Kaligraphie „Mumyō“
von Sengoku Taizan Rōshi (仙石泰山老師)
der Ōbaku-Zen-Shule

Inhalt

Mumyō: des Versucht-werdens Abgründigkeit

Mumyō – Finsternis – ist in uns das wirksamste Etwas für den Verführer, um das Erlösungs-Werk des Urhebers allen Lebens zu zerstören, denn aufgrund dieser Finsternis, die das erkennende Vermögen belegt, kann die Menschheit Seine Stimme nicht vernehmen. Wie konnte sich die Finsternis in uns etablieren? Durch die den Tod bringende Versuchung der Schlange im Paradies. So versucht sie weiter Ijob, das Volk Israel in der Wüste und bis heute die Menschen zu Fall zu bringen.

Jesus aber ließ sich selbst versuchen und besiegte den Versucher, der mittels der Todes-Angst die Menschheit unter seiner Herrschaft knechtet. Dadurch öffnete Er für uns das verschlossene Tor, das wir selbst *aufgrund von Mumyō* nicht zu öffnen, ja unser eigenes Versucht-werden nicht zu überwinden vermochten.[1] Das wesentliche Moment des Geführt-werdens in Versuchung liegt darin, anmaßend die natürlich erringende Vollkommenheit *ohne das Wirken des Schöpfers* mit der übernatürlichen Vollendung zu verbinden. Die Tendenz, unser Geschaffen-sein zu verkennen und somit abzutun, legt sich hiermit offen. Wir richten uns rein auf das innerweltliche Verlangen aus, dessen Absolutheit der Versucher uns suggeriert, indem er sich zwischen uns und dem Schöpfer platziert: unser absolut übernatürliches Verwiesen-sein auf das *Leben-selbst* entschwindet so unserem Blickfeld. Eben die drei Versuchungen Jesu durch den Satan[2] bilden das Grund-Muster, nämlich die Matrix für jegliches Versucht-werden, um uns des Segens, den der Himmel uns verheißt, zu berauben, ja ihn als etwas Unwahres zu degradieren.

Unsere Leiblichkeit respektvoll zu berücksichtigen, entspricht zwar dem Willen des Schöpfers, es kann aber das letzte Ziel des Lebens nicht sein, denn: „Nicht vom Brot allein lebt der Mensch, sondern von allem Wort, das aus dem Mund Gottes kommt." Mit der Verabsolutierung des Leiblichen berührt der Satan eine der drei Grund-Versuchungen des Menschen. Jesus legt mit seiner Antwort *die Integration der zeitlichen Leiblichkeit in die Dimension des Überzeitlichen der seelischen Verfasstheit* offen, was unter keinen Umständen übersehen werden darf. Die biblische Aussage, dass alles Geschaffene aus Gottes Mund kommt, bestätigt selbst die gegenwärtige Wissenschaft mit dem Hinweis, des Menschen Leben erhalte sich ein drittel aus der natürlichen Nahrung und zwei drittel aus der kosmischen Energie. Hier sollte uns klar werden, alles, was unser Leben erhält, kommt aus des Schöpfers Mund. Es ist höchste Zeit, die kosmische Dimension unseres bedrohten Daseins zu *ver-antworten*: das Not-wendende ist für uns besiegelt *im Brot des Lebens*.[3]

Entgegen der ersten Versuchung lässt die zweite vermöge der uns aufgetragenen Anteilnahme als Geschöpf an der Schöpfung den Willen des Schöpfers mit dem unseren vertauschen. Dem Allmächtigen unser Begehren aufzuzwingen, kommt aus dem luziferisch stimulierten Virus. Tief fallen lässt uns die Begier, deshalb mahnt Jesus: „Versuche nicht den Herrn, deinen Gott". In der Versuchung des Satans auf der Zinne des Heiligtums schärft er Geistig-geistliches aus der Hl. Schrift ein, indem er es verdreht und verabsolutiert, um die Botschaft des Lebens zu *ent-wahrheiten*. Das tiefe Verletzt-sein im Erkennen – Mumyō – haftet an sich selbst. Durch das Festsitzen in *selbst kreierten Wahrheiten*, das in Wirklichkeit die selbst gezimmerten Gefängnisse sind, bilden sich große Barrieren für das Religiöse: der Grund, dass jene selbst kreierten Wahrheiten Gott nicht Gott sein lassen. Gelingt es dem Versucher aufgrund dieses Gebrechens, letztlich in uns zu siedeln, dann kann er kooperativ mit uns am Werk sein.

Nun zeigt der Satan Jesus auf dem hohen Berg all die Macht und dessen Pracht seines Reiches, um derentwillen jegliches

Drüber-hinaus – eigentlich das Reich Gottes – geleugnet werden soll. Der Versucher: „Das alles gebe ich dir, wenn du dich niederwirfst und dich tief vor mir verneigst". Mit seiner hochtrabenden Raffinesse versucht er das innerweltliche Dasein als das absolut Begehrens-werte zu deklarieren, um den Anspruch nach Herrschaft, zu dem jeder von uns neigt, zu erwecken. Dazu Jesus: „Weg da, Satanas! ... Tief verneigen sollst du dich vor dem Herrn, deinem Gott, und ihm allein den Dienst tun". Diesem vehement unumgänglichen Aufruf können wir jedoch nicht folgeleisten, denn wir suchen aufgrund der in uns sündhaft gestifteten Leidenschaft weitgehend die eigene Ehre. So stehlen wir dem Schöpfer die Ehre, wodurch auch seine Geschöpfe dem Aberkennen seines Gegenwärtig-seins verfallen: eben in diesem Humus hat der Stolz sein Wurzel-Beet. Vor allem ist es Stolz, dessen Etwassein-wollen das wahre Selbsterkennen hintertreibt. Deshalb vermögen wir unserem Identitäts-Mangel nicht auf die Spur zu kommen. Fraglos lasten wir Jedem und Allem das eigene schuldhafte Vergehen an: eigentlich dienen wir hiermit – wenn auch bemäntelt – jenem, der dem Heilsplan des Schöpfers widerspricht.

Diese drei Versuchungen verfolgen uns – vor allem in der religiösen Praxis – bis zum letzten Atemzug. Der Satan weiß als ein Geist-Wesen, dass uns Prüfungen auferlegt werden, um uns im Glauben zu bewähren.[4] In dieses anspruchsvolle Geprüft-werden schleicht er sich ein und erweckt Misstrauen, in dem unser Überheben keimt. So vermischt er das Bewährtwerden mit der Feindseligkeit, als ob sie von Gott käme. Demzufolge kann er nun alle Mittel – je nach unseren Gebrechen – finden, um die ahnungslose Menschheit unter seine Herrschaft zu bringen. Die Anfechtung Jesu durch den Satan spiegelt uns zutiefst dessen verschlagene Taktik, nämlich für alle Geschöpfe Unheil zu stiften. Niemand täusche sich, *unwissend* schenken wir ihm ein Ohr. Zumal das Überflügeln seiner Intelligenz unvorstellbar ist, kann das von ihm Intendierte uns manipulieren und überzeugen, als stünden wir auf der Seite der Wahrheit: so dienen wir dem Unwahren, dessen Motiv primär durch das vehemente Wirken kollektiver Kalküle veranlasst ist. Daher versinken wir derzeit noch tiefer in Mumyō; die Zunahme des Unwissens zeigt sich vor allem in der Beeinträchtigung des Urteils-Vermögens. Um allda das Ergehen und sein Womit unseres Versucht-werdens zu wissen, bedarf es einer Klarsicht, durch die sich eben das eigene Dunkel – Mumyō – entschlüsselt. Klar ist und bleibt, dort, wo die Versuchung uns unmittelbar trifft, kann das Ganze, ja sogar das uns Erhaltende davon nicht unberührt bleiben: dadurch etabliert sich ein Stör-Feld zu allem, was mit und um uns geschaffen ist. Stolz gepaart mit Neid, der den Fall des Versuchers selbst verursachte, überträgt sich sehr wohl über das Menschen-Geschlecht hinaus, auf dass alles Geschaffene ihm gänzlich in die Hände falle, um sich vor ihm zu beugen und ihm zu dienen.

Neid erwacht vor allem dort, wo es sich um Erfolg handelt, den man *mir* nicht gönnt. Wer die Neigung zur Missgunst in sich trägt, kann nicht umhin, Leid zu stiften, sei es kraft intentionaler oder konkreter Akte. Deren Reflexherd hegt die Abgunst so lange, bis das geopferte Objekt unter einem Vorwand sein neidisches Herz befriedet. Dies zeigt sich im religiösen Ambiente, wo Neid im Eifer danach, Gott zu dienen, sich tarnt und rechtfertigt; im Vorfall des gegenseitigen Sich-messens hat Neid ferner sein wahr-falsch vermischtes Akt-Feld. Täuschen wir uns nicht, niemand ist davon ausgenommen; wer kann all dies entwirren? Wenn es um die religiöse Wahrheit geht, dann ist Neid aus seinem ursündlichen Beweggrund massiv am Werk: Neid duldet die Wahrheit nicht.[5] Wer die Wahrheit – Jesus[6] – verkündet, wird deshalb verfolgt. Soll im Bemühen unser Leben aus der Botschaft Jesu seine Gestalt gewinnen und sich formen, so setzt es dafür unser klares Ermessen voraus. In seiner Konsequenz fordert die Haltung, die wir einnehmen, das innerweltliche Verhalten heraus, uns anzugreifen, worin sich der Widerspruch spiegelt. Denn die Nachfolge verlangt, dass alles, was zuvor den

Menschen recht, gut und wahr schien, infrage gestellt und nicht ohne weiteres – vermöge des praktizierten Lebens – als beglaubigt betrachtet wird.

Dem Versucher gelang es nicht, Jesus zu verführen. Denn aufgrund Seines absoluten Mit-wirkens und –wissens an der Schöpfung war dem Verführer der Zutritt, um Ihn Zufall zu bringen, verwehrt. Unser Unterschieden von Ihm und uns selbst, die wir der Sünde Einlass gewähren, zu erkennen, ist hier die entscheidend zu beantwortende Schuldigkeit. Sie tarnt sich vielfach religiös, womit sie sich zu rechtfertigen sucht. Diese uns irreführende Art benützt der Verführer, sein Fangnetz derzeit über die Menschheit auszuwerfen:[7] *er versteht es gut, Jesus mit Schein-Offenbarungen nachzuäffen*. Unausgesetzt ist *die personifizierte Lüge* sardonisch wirksam im Zeitgeist, um uns zu Fall zu bringen, was ihr aufgrund des von uns verabsolutierten In-der-Welt-seins mehr gelingt, als wir ahnen. Arglistig, wie sie ist, tritt sie auf mit dem scheingläubigen Anspruch, ihr intendierter Beweg-Grund diene der Wahrheit. Deshalb kann ihr Vorwand unseren eigentlichen Lebens-Nerv – Ehrfurcht vor dem Schöpfer – treffen. Wir sind durch die übel-stiftende Lüge im Innern versehrt: deren Torhüter wäre für uns äußerst notwendig! Ohne ihn sind wir ihrer List weiterhin ausgesetzt. *Dem Wirken des Verwoben-seins unserer sündhaften Akte mit dem Unvermögen des Erkennens und seinem undefinierbaren Wurzel-Beet, benannt Mumyō*, nicht auf die Spur zu kommen, heißt, dass wir im so erzeugten Nebel-Feld verknechtet sind.

Was hier eigentlich zu fürchten ist, ist die hochgradige Intelligenz, mit der Luzifer uns betrügt, ja mit dem von ihm servierten Pseudo-Identischen die Welt schaltet und waltet. Könnte der Mensch einsichtig werden, dass er ohne den Glauben im eigentlichen Sinn nicht Mensch, ja, mit sich selbst nicht identisch sein kann, dann wäre viel – was unser Leben unmittelbar berührt – gewonnen! Leider ist es in Wirklichkeit nicht so. Weil der Verführer für sein Macht-begehren die Religiosität im Auge hat, kann er hier offene Türen finden, auf dass der Aberglaube – die Irreligiosität – die Welt beherrsche. Er, der eigentliche Initiator unseres Pseudo-Identisch-seins, bevormundet *unser Schein-Mensch-sein,* das sich aufgrund unseres Identitäts-Mangels beglaubigt, womit wir uns identifizieren. Da jedoch *dieser Schein* den inneren Mangel, mit sich identisch zu sein, nie sättigt, sind wir unentwegt auf der Jagt nach Etwassen. Infolgedessen ist das Erkennen defizitär; fraglos verbleiben wir mit unserem fragmentarischen *Wahrnehmen* im Nebel von Uneinsichtigkeit. Hierbei – seinem Bezwingen der Welt – ist der Versucher nicht nur mitbeteiligt, sondern vielfach der Anstifter, dass wir in unserem Innersten ihm – gemäß seiner Willkür – willfahren. Ja, er kann uns nicht nur irreführen, sondern sogar zu seinen Mitstreitern machen: dies ist die eigentliche Tragik unseres Mensch-seins.

„Hütet euch vor den Menschen!“[8], hiermit legt Jesus den Finger in die Wunde, nämlich unser Versuchbar-sein und dessen Konsequenz. Weil des Menschen Herz die Sünde – des Versuchers Stolz – einließ, kann es in seinem Hass bis zur Unkenntlichkeit sich von seinem Schöpfer trennen: eben um die dadurch entstandene Wunde und deren Heil-werden geht es. Jedoch, unser Wille hat sich von dem Willen des Schöpfers entfremdet, indem wir das Frei-sein in willkürlichen Akten zu gewinnen suchen. Gerade dadurch wuchert die zerstörende Kraft, die weiterhin uns verletzt und hindert, im Darüberhinaus Ausschau zu halten. Immerhin sind wir nicht als Marionetten geschaffen, sondern gesetzt in Freiheit. Sie ist uns als Teil-habe daran gegeben, den Heilsplan des Schöpfers mit zu vollenden: darin begründet ist eigentlich der Sinn unseres In-der-Welt-seins.

Erläuterungen

3 Ausgleich: Ersetzung des Mangels

«Wer kann merken, wie oft er fehlt? Verzeihe mir die verborgenen Sünden!».[9] Ein Vergriff am Leben bestimmt sich stets *im Verhältnis zum Unfehlbaren*, das in uns gestiftet ist: eingeschrieben als Gesetz des Lebens in der Identität der Kern-$_F$. Weil uns das Licht, dieses unauslotbare Vermächtnis zu erkennen, entschwunden ist, kann unser Wollen *das in uns gegebene Sollen* ignorieren. Diese Tatsache – die tief in unserem Innern sich ereignende Sünde – vermag das instrumentelle Bewusstsein nicht zu durchschauen. Der dem Wollen unterliegende Handlungs-Akt *gegen das Sollen* markiert sich in uns zwar als schuldhaftes Vergehen, aber aufgrund der erfahrenen existentiellen Bedrohung wird er häufig im Verschwiegen-sein begraben. Ein solches Verhalten bewirkt das daraus folgende Desorientiert-sein und trifft die Ordnung, die der ganzen Schöpfung zugrunde liegt. Aus der hier wahrgenommenen Kontroverse wird *der Mangel*, der in uns das Leiden verursacht, vermehrt: es ist die im Akt erfahrene Unstimmigkeit zum Leben. Wir können aufgrund der von Fäulnis befallenen Wurzel – der Differenz der Kern-$_F$ – nicht umhin, den sich ausweitenden Identitäts-Mangel primär durch ein Objekt zu ersetzen; dies, weil das Verlangen von vornherein irregeleitet ist. Alles, was uns innerweltlich verfügbar zu sein scheint, kann von daher zum Ausgleichs-Objekt werden und sich als solches stilisieren. Da in der existentiellen Wurzel des Menschen – Identität der Kern-$_F$ – ein Sehnen nach Einung mit dem *Leben-Selbst* gegeben ist, kann die erfahrene innere Unruhe aus dem Identitäts-Mangel nie gestillt werden, solange ein Surrogat – ein Abgott – Oberhand behält. Soll uns *die verborgene Sünde* vor Auge gestellt werden, muss die entschwundene Einheit unserem Einsehen zu Hilfe kommen.

Der reinigende Weg – Übung und Verzicht – ist für uns der Schlüssel, um der verwehrten Einsicht, aus der Unterdrückung und Zwietracht folgt, zu entkommen: möge das verschlossene Tor sich öffnen.

Ohne das Bezogen-sein auf ein angeblich rechtfertigendes Etwas, um sich damit zu identifizieren, kann der Mensch sein Leben nicht bestehen: gefallen und deshalb seiner wahren Identität verlustig gegangen, kann er sich selbst letztlich nicht annehmen. Sein erfahrener innerer Konflikt nötigt ihn zu einem *fried- und rastlosen Müssen;* dies, um der stabilisierenden *Etwasse* willen, mit denen er sich durchaus identifiziert. Deshalb liegt den zu setzenden Akten immer die intentionale Ausrichtung nach einem *ersetzenden Ausgleich* zugrunde. Es ist nicht zu übersehen, dass ein das Leben störender und es zerstörender Akt die analoge – negative – Handlungs-Struktur zu den das Leben tragenden und es erhaltenden Akten aufweist. Dieser Tatsache, der uns täuschenden Parallelität, erliegen wir unversehens nicht nur im Handeln selbst, sondern auch in der Beurteilung von Handlungs-Akten. Vor allem ist der Beweggrund des intentionalen Entscheidens bzw. Handelns – *sein Woraus und dessen Woraufhin* – vielfach vermischt. Deshalb ist sein Leben-zerstörendes vom Lebenerhaltenden schwierig zu unterscheiden: allerdings, früher oder später zeigt es sich an seinen Früchten.[10] Dies ist der Grund, weshalb wir das Pseudo-Identische, womit wir uns identifizieren, für das Authentisch-Identische halten können.

Ein Handeln aus dem wahren Identisch-sein sucht nicht sich selbst. Ein erwirkter Handlung-Akt aus dem Pseudo-identisch-sein sucht dagegen – bewusst oder unbewusst – sich selbst. Dieses intentional gesteuerte Sich-selbst-bestätigen ist unersättlich aufgrund seiner bewirkten Entfremdung von der Identität, womit wir uns absurderweise identifizieren. Im Versuch, das innere Dilemma zu überspielen, sind wir genötigt, uns für die Selbst-Darstellung eine *Plattform* zu schaffen:

damit sind wir auf dem Weg, in die Machenschaft zu geraten. Unsere Identifikation nicht auf die Identität der Kern-F zu bauen, ist ja nichts anderes als vergebliche Liebesmühe.[11]

Was uns zu einem Handeln treibt, auszugleichen, ist verursacht aus der Rivalität des von Unwissen befallenen Nicht-Identischen zur Identität.[12] Deshalb ist in der verborgenen Neigung nach Einung eine offene Wunde. Vor dieser Tatsache kann der Mensch nicht fliehen, solange noch *ein Funke der Achtung vor der Lebens-Ordnung* in ihm vorhanden ist. Dieser Funke birgt in sich eben den Schlüssel, um das Tor sowohl für *Shugyō* als auch hin auf das *Leben-Selbst* zu öffnen. Hier liegt unsere Hoffnung für die Genesung, wie verzeichnet die Akte des Handelns auch sein mögen. Wäre es nicht so, verbliebe für uns nur noch weltliches Treiben: ist das nicht doch Selbst-Erlösung, nämlich Selbst-Gericht?

Auch wenn allen Objekten des Ausgleichs – wie verdeckt auch immer – ein das Religiöse ersetzender Aspekt eigen ist, so sind doch offensichtlich die religiös intendierten Objekte, durch welche *die Inhalte des Religiösen* zum Objekt degradiert werden, am wirksamsten; außerdem ist das darin versteckt Intendierte sehr schwierig aufzudecken. Warum? Weil der Handelnde – im Namen der Religion – nach einem *Gewiss-sein* greift, sich ihm ausliefert, damit tarnt und sein Tun daraus rechtfertigt. Ja, weil dieser Sachverhalt vor allem ihn selbst trifft, kann er ihm verborgen bleiben; sich selbst versichert treibt er sein elendes Spiel. Aufgrund der für ihn zum Mittel gewordenen Gewissheit, die er missbraucht, kann er nichts anderes, als das eigene Erwarten zu erfüllen. Er ersetzt die wahre Botschaft des Lebens mit seiner eigenen, haftet daran und ist überzeugt, er stehe unstreitig auf der Seite der Wahrheit. „Viele werden an jenem Tag zu mir sagen: Herr, Herr! Haben wir nicht in deinem Namen prophetisch geredet und in deinem Namen Abergeister ausgetrieben und in deinem Namen viele Krafttaten vollbracht? Aber dann werde ich vor ihnen bekennen: Niemals habe ich euch gekannt! Weicht von mir, die ihr die Gesetzlosigkeit wirkt!".[13] Akte aus einem derartigen Handlungs-Motiv, dessen Unreinheit, bilden in uns ein Sediment, das unser ganzes Mensch-sein trifft, so dass die Auflösung des Widerspruchs blockiert wird.[14]

Die in uns gestiftete, *verborgene Feindschaft gegen Gott*, welche den Mangel und die daraus folgende Anhaftung bewirkt, hat ihren Anlass im Fallen aus der ursprünglichen Einheit. Durch sie, die uns suggeriert, *mündig, ja sogar befreit zu werden*, entsteht der Nistplatz für die Objekte um eines Ausgleichs willen. Diese Tatsache, die uns verstellt ist, lässt den Mangel als solchen nicht nur nicht erfahren, sondern wir billigen ihn, als wäre er uns eigen. Eben die Schuld aus dieser Feindschaft soll unterdrückt werden, damit die Objekte des Ausgleichs eine falsche Selbst-Identifikation gestatten: die Neigung zur Einung ist in Auflehnung und kann deshalb missbraucht werden.

Die eigentliche Erfüllung des Mangels geschieht jedoch nur in Gelassenheit: lassen, etwas *aus sich selbst* zu sein, zu machen und zu verfügen. Letztlich geht es darum, der eigenen Nichtigkeit durch und durch einsichtig zu werden. Jedoch, uns scheint, gerade das Bejahen, nichtig zu sein, bedeute, sinnlos sei unser Leben, ja noch mehr, dies bedrohe sogar unsere Existenz. Um dieser Sinnlosigkeit – wie es uns scheint – zu entkommen, sind wir gezwungen und glauben zweifelsohne, selbst alles in die Hand nehmen zu müssen. Erblindet und deshalb ohne den nötigen Durchblick, weil der Impuls aus der Identität der Kern-$_F$ nicht zu vernehmen ist, um daraus unser Dasein zu bestreiten, können wir aus einer derartigen Überzeugung leben. Solange wir nicht einsehen, *aus uns selbst* nichtig zu sein, degradieren wir alles – das gesamte Lebens-Feld unseres Daseins – zu etwas Nichtigem. Unser illusionärer Fortschritts-Glaube ist dafür typisch: permanent schaffen wir uns – eines nach dem anderen – neue Ausgleichs-Objekte und haften daran; dies aus der Überzeugung, alles sei letztlich verfügbar, wobei die zunehmende Gefahr der Trennung von der Lebens-Quelle übersehen wird. Nur aus eigener Kraft sein Leben bewältigen zu wollen, legt die überall überhand nehmende Verdinglichung unseres Daseins offen: bedeutet dies doch nicht, dass wir dessen, was uns in Wahrheit trägt und erhält, nicht mehr bedürfen. Wohin geht die Menschheit mit solch einer entsetzlichen Blindheit?

4 Inneres Gespalten-sein

„Jagt nicht dem Tod nach in den Irrungen eures Lebens, und zieht nicht durch euer Handeln das Verderben herbei! Denn Gott hat den Tod nicht gemacht und hat keine Freude am Untergang der Lebenden".[15] Entzweit vom Mitsamt allen Lebens verfallen wir den *Irrungen*, deshalb ist das *Leben-Selbst* unserem Blick verstellt. Unser Wollen ist zwiespältig, das daraus verursachte Fehl-handeln zieht *Verderben* herbei. Halten wir nun inne und fragen uns, *warum*, dann wird uns bewusst, dass hier unsere intentional manipulierten Akte in der Tat am Werk sind, die sich gegen das Leben richten: die ursächliche Haltung aus unserem Entzweit-sein. Dieses innere Zerwürfnis erweckt Angst und speichert sie vermehrt in uns. Insbesondere ist die verborgene Ur-Angst – Angst vor dem Tod – die eigentlich treibende Kraft in uns, welche in Handlungs-Zwängen bindet.[16] Ist es nicht die Verdrängung der Angst, die sich in unserem Festklammern am Vergänglichen spiegelt? Verblendet und getäuscht verfallen wir *Nichtigem* und erheben es zur Grundlage unseres Handelns. Aufgrund dieses Irrtums können wir uns auflehnen gegen das, was uns erhält, indem wir das uns überantwortete Leben, weil dessen eigentliche Sinndeutung sich uns entzieht, als sinnlos verneinen oder aber es unbeschränkt dem Eigennutz unterwerfen.[17]

Das innere Gespalten-sein überträgt sich auf alle unsere Lebens-Bezüge: vom elementar sinnlich wahrnehmbaren Erfahrungs-Feld bis hinein in *das eigentliche Darüber-hinaus*. Wie zentral die gereinigte Intentionalität für das Gelingen unseres Lebens ist, wird erst dadurch deutlich, dass die Dimension dieser Spannweite in unser Blick-Feld rückt. Die Lauterkeit und Transparenz unseres Bewusstseins ist fundamental, denn ohne sie – solch ein personales Verfasst-sein – kann sich unsere zweite Geburt, absolut notwendig für unser Menschwerden, in Wahrheit nicht ereignen.[18] Durchdrungen vom wahren Licht ist entscheidend für den Weg, den wir *Shugyō*

– Übung und Verzicht – nennen: um diesen Durchbruch zu erzielen, müssen wir alles riskieren, denn das zwielichtige Gebaren entwertet unser Leben.

Augenfällig neu im Welt-Geschehnis ist der Vorrang des verfügenden Handhabens all dessen, was unser Leben tangiert, indem es auf sein innerweltliches Kalkül reduziert wird, um den jeweils anstehenden Umstand zu bewältigen, ja letztlich *Im-Weg-stehendes* zu beseitigen. Zweifelsohne, wir meistern viel, sogar soviel, dass wir der unaufhaltsamen Macht des Sich-veränderns, die uns beherrscht, verfallen können. Das selektive Verabsolutieren, das hier am Werk ist,[19] hat zur Folge, dass uns der Blick für das Ganze des von uns zu verantwortenden Daseins entschwindet mit der Konsequenz, aus unserem inneren Gespalten-sein zu handeln, ohne dass wir uns dessen bewusst sind. Würden uns die Augen geöffnet, könnten wir feststellen, dass sich das innere Gespalten-sein – aus sich selbst – rechtfertigt und so auf unsere gesamte Lebens-Welt überträgt. Wie können wir *dem gegenwärtigen Sog,* der sich uns als human gerechtfertigt präsentiert, unser inneres Gespalten-sein kaschiert und dadurch es vertieft, entkommen? Kann dieses Befangen- und zugleich Überzeugt-sein die Dimension dessen, was uns in authentischer Weise Mensch sein lässt, überhaupt noch berücksichtigen, oder ist da etwas am Werk, das unser Dasein – wie es scheint – unterminiert?

Stellen wir die Sinnfrage nach dem Leben, so werden wir mit zwei auffällig verblendeten Haltungen konfrontiert: die Versuchung, *das unübertrefflich Ewige* in das innerweltlich Vergängliche herabzuziehen, *um jenes zu ent-machten,* ist eine permanente Anfechtung unserer Zeit, aber auch die Verlockung, unsere Vergänglichkeit in *das Unvergängliche* hineinzuprojizieren, *um Herr zu sein,* ist nicht selten. Überdies ist das Bewerten unseres Handelns zwiespältig: das Gelungene wollen wir unbedingt uns selbst zuschreiben, das Misslungene aber soll auf das Schuldkonto eines anderen, ja auf das des Himmels gehen. Uns selbst kompromisslos anzuschauen und auszuhalten, erfordert eine abgrundtiefe Aufrichtigkeit. Schuldzuweisungen jeglicher Art zu unterlassen und der eigenen Ehrfurchtslosigkeit in die Augen zu schauen, ist das Gebot der Stunde. Erst dann kann alle Anmaßung zusammenbrechen. Unser Verweigern, das eigentlich auf das *Leben-Selbst* zielt, ist immer ein Akt, der uns selbst trifft; das hier offengelegte Ablehnen hat seinen Anlass in unserer Unfähigkeit, uns selbst nicht annehmen zu können. Dieses Einsehen gibt uns eine Chance, zu erkennen, dass jenes Verweigern in der Verweigerung unserer selbst wurzelt.

„Wahr, ja wahr ists, ich sage euch: Wenn das Weizenkorn nicht in die Erde fällt und stirbt, bleibt es allein".[20] Hier ist uns offengelegt, was mit Verweigern im eigentlichen Sinn ausgesagt sein will. Ein Festsitzen im *Allein-bleiben*, ja, ein darin Gefangen-sein, erfährt der Mensch umso bitterer, je mehr er den Einfluss der Identität der Kern-$_F$ verweigert und dadurch sich von ihr entfremdet. Das ist der Grund, weshalb er fraglos nach *Placebos* – von der Gesellschaft kreiert und legitimiert – heischt. Ist es nicht so, dass er gerade *mithilfe von ihnen* sich willentlich seiner Gemütslage, die ihn erneut täuschend bindet, hingibt? Jedoch, nur aus der Identität der Kern-$_F$ kann die in uns nicht nur grundgelegte, sondern die uns bewahrende Eignung aufkeimen, wodurch sich uns das eigentliche Verwiesen-sein auf das Akt-Feld, das unser Leben umfasst, verwirklicht. Das hier geforderte *Sich-zu-sterben* ist die Verwirklichung des Weges, den wir *Übung und Verzicht* nennen. „Stirbt es [das Weizenkorn] aber, so trägt es viel Frucht".[21] Es gilt, die Tatsache zu sehen, dass unser Leben in *eine Ganzheit* gesetzt ist, in die wir uns letztlich hineinverlieren müssen, denn nur so erstirbt das Ich-Verlangen. Im Teilhaben an dem hier erfahrenen Eins-sein lässt sich unser Leben sowohl teilen als auch mit-teilen: wahres Erfüllt-werden hat hier seine Bedingung; in diesem Eins-sein schwindet allem, was ihm entgegensteht, der Nährboden. Deshalb werden diejenigen, die sich in das *Leben-Selbst* restlos hineinverlieren, von Ihm durchdrungen: die in Wahrheit Geborgenen.[22]

„Alle haben ja gesündigt und sind bar der Herrlichkeit Gottes".[23] Sünde lässt den Menschen *Seine Geborgenheit* verlieren: sie zieht den Tod herbei. Jene Verweigerung aus der Feindschaft gegen Gott, die der Mensch in sich trägt, ist eine Folge der Ur-Sünde. Das durch sie verschuldete Erbe stiftet in ihm die Neigung, das *Leben-Selbst* zu verneinen. *Dieses tat-gewordene Verneinen zu verneinen ist eben Lüge.* Die Lüge paart sich in allen Fällen mit einem Missbrauch des *Leben-Selbst*, der sich innerweltlich legitimiert und dadurch tarnt, und zwar, dass wir sogar die unser Leben untergrabende Entzweiung selbst für gerechtfertigt halten können. Durch ein unablässig das Leben verfügendes Handhaben, das sich in seiner vorgetäuschten Nähe zum *Leben-Selbst* – wie ein Schmarotzer – gebiert, wird die aus Seiner Akt-Dynamik uns zufließende kreative Kraft verdinglicht und unterjocht: was eigentlich Sünde ist, ist hier in seiner Struktur offengelegt. Soweit uns die Einsicht, dass *das gesamte Lebens-Feld am Verrat des von uns zu verantwortenden Daseins mit-leidet*, nicht gewährt wird, fahren wir mit gutem Gewissen in unserem verblendeten Begehren fort. „Lüge ist Widerspruch gegen das Wort Gottes, wie er es in Christus gesprochen hat und in dem die Schöpfung beruht. Lüge ist demzufolge die Verneinung, Leugnung und wissentliche und willentliche Zerstörung der Wirklichkeit, wie sie von Gott geschaffen ist und in Gott besteht. … Das menschliche Wort, wenn es wahr sein soll, darf ebenso wenig den Sündenfall leugnen wie das schöpferische und versöhnende Wort Gottes, in dem alle Entzweiung überwunden ist".[24] Sünde ist nämlich die Lüge, welche das *Leben-Selbst* verleugnet; ihr Ende sind von Fäulnis befallene Früchte.

5 Gegenwärtig-werden: das ungeteilte Herz

„Wer nicht mit mir ist, ist wider mich; und wer nicht mit mir sammelt, zerstreut".[25] Je mehr ein Mensch sich in seinen Grund kehrt, desto untrüglicher wird sein Tun und Lassen: ohne Falsch lässt er sich vernehmen. Soll der Weg treu – ungeteilt im Herzen – gegangen werden, müssen wir in jedem Geschehnis darum ringen, hier und jetzt gegenwärtig zu sein. Verlangt dies nicht doch *jegliches Entkleiden dessen, was wir uns selbst aufgebürdet haben*! Nackt sind wir geboren, was fehlt uns eigentlich, denn nackt müssen wir gehen. Um die Differenz der Kern-$_F$ vor Ballast und Blendwerk zu bewahren, ist es sehr hilfreich, uns dessen bewusst zu sein, wie wir in diese Welt kamen und wie sie auch wieder zu verlassen ist, denn sonst verstellt sich *das Eigentliche unseres Daseins*. Das hier Unumgängliche, *sich selbst zu wagen*, will uns dorthin führen, dem – üblich berechnenden – Verdinglichen nicht mehr zu erliegen.

Ein derartiges Hingeneigt-sein lässt uns dem, was das Leben wahrheitsgemäß enthüllt, begegnen und uns danach streben, mit ihm in Übereinstimmung zu kommen, auf dass das jeweils Angängige auch dort, wo es entstellt ist, sich zutragen möge. Ungeteilt im Herzen vermögen wir analog in jedem Begegnen das All-Einende wahrzunehmen, dessen *In-eins mit dem Leben-Selbst* uns durchdringen will; in eins mit Ihm empfangen wir unverfälscht die in der Identität der Kern-$_F$ grundgelegte Ordnung. Durch ihre Einflussnahme reift in uns ein Vertraut-werden mit der Kreatur und so mit uns selbst. In diesem In-eins-sein spiegelt sich die *Akt-Dynamik* des Lebens aus dem in allem gegenwärtigen Ursprung. Ohne dass das in uns Grundgelegte sich selbst und so sein Verwiesen-sein erkennt, können wir uns auf jenes In-eins, das Leben stiftet, nicht ausrichten. Das hier unumgänglich geforderte *Sich-selbst-erkennen* kann sich nur durch Seine Initiation vollziehen, die in der Tat darauf hinzielt, das Sich-verirrte in sein ursprüngliches Eins-sein zurückzuführen.[26]

Die Zerstreuungen – die Sorge um dieses und jenes, um das Vergangene und das Zukünftige – berauben uns unserer Kräfte, die für die Sammlung notwendig sind. Dass wir ihrer Herrschaft unterworfen, ja ihnen hilflos ausgeliert sind, ist uns kaum bewusst. *Das Hier und Jetzt,* welches auf das authentische Empfangen aus der Identität der Kern-$_F$ verwiesen ist, wird vereitelt. Ist *unsere sublime Arroganz* nicht erschütternd, die uns so sehr blendet, dass sich unser instrumentelles Erkennen, das wir aus der Differenz empfangen, als solid begründet ausgeben kann? Aufgrund dieser uns selbst täuschenden Suggestion rechtfertigen wir den Schein einer vorgespiegelten Ruhe und klammern uns an diesen Strohhalm. Erst dadurch, dass das Bewusstsein zwischen dem Hin und Her sich nicht mehr bewegt, wird uns einsichtig, wie tief das Zerstreut-sein in uns Wurzel fasst: unser aktives Ich-Bewusstsein – *dessen erzeugte Dispositionen* – ist der untrügliche Anlass für den hier erfahrenen Unruheherd. Die dualistische Weltsicht, welche das eigentliche Sich-sammeln untergräbt, muss überwunden werden, um die Gegenwart des *Leben-Selbst* wahrnehmen zu können: es geht hier um das *Wie* des Sich-einstellens authentischer Gegenwart. In den Zeitphasen des Gesammelt-seins bewegt sich das *zwiespältig* unterscheidende Erwägen nicht, denn *das Meine* wird darin begraben. Das nicht mehr verwirrte Herz ist nun geneigt, des Gegenwärtig-seins aus dem *Leben-Selbst* teilhaftig zu werden. Das Sich-verlieren in *das Hier und Jetzt* ist in allen religiösen Traditionen für ihr Praxis-werden fundamental.[a]

Die Zerstreutheit der Sinne, verübt aus den Eingebungen der befleckten Dispositionen, trachtet danach, das Leben zu bannen. Wie werden die Sinne aus ihrem Unterworfen-sein befreit und dadurch befähigt, aus der Identität der Kern-$_F$ ihre Bestimmung zu empfangen? Je mehr die Differenz der Kern-$_F$ sich von den Dispositionen reinigt, umso mehr können die Sinne aus ihrem Fall sich wenden und mit der Ordnung des Lebens übereinstimmen. Wer – geeint im Herzen – die Weisung aus dem *Leben-Selbst* empfängt, der weiß, was er tut, nämlich, er ist ledig der Machenschaften. Wäre es nicht so, wie könnte er das Ereignis-Feld seines Tuns und Lassens recht einschätzen? Das zerstreute Herz jedoch wähnt, es wüsste, was es tut: „Es ist eine große Schmach und Schande, dass ein Mensch so viele andere Dinge kennt, sich selbst aber nicht, [weil er nicht in seinen Grund gekehrt ist]".[27] Diese unsere Lebens-Lüge zu durchschauen ist nur einem geeinten Herzen angängig.

Wir *als Menschen* sind dazu bestellt, uns für *das Leben-Selbst* zu entscheiden: „Darum leben wir in dieser Zeitlichkeit, nicht damit wir irgendwelche Werke tun, sondern um uns dieses Wissen [was das Leben in Wahrheit ist] zu erwerben, damit die Werke aus diesem Wissen fließen, wie die Früchte dem Baum entstammen".[28] Ist unser Entscheiden nicht aus der Identität der Kern-$_F$ getroffen, säen wir unser Bemühen in den falschen Grund. Dispositionen, ein Zuwachs an faulen Früchten in der Differenz, sind das Ergebnis. Dadurch wird das Bewusstsein in seiner Weise zu erkennen geschwächt, eingetrübt und verdunkelt, so dass wir das Zerstreuen unserer Lebenstage sogar für absolut legitim halten können. Eine derartig gesellschaftlich gebilligte Suggestion unterläuft das Entscheiden hin auf das *Leben-Selbst*. Wie das redliche Tun sich übertragen kann, so will auch ein zwielichtiges Verhalten uns mit hineinziehen. Zweifelsohne, das Mit-hineinziehen, um das Leben zu verfügen, zielt darauf hin, dass wir die für den Weg zu treffende Entscheidung aus dem Blickfeld verlieren.[b] Hier zeigt sich, wie entscheidend das ungeteilte Herz ist. Nur derjenige, der das wankelmütig zwielichtige Herz obsiegt,[c] vermag jene List zu durchschauen: „... Sondern so sei euer Wort: »Ja« – ein Ja; »Nein« – ein Nein. Was darüber hinaus – vom Bösen ists".[29]

Anmerkungen

Anm. a: „Unterscheiden wir doch nicht die Lehre [Buddhas] von unserem Herzen. Letztlich will die Lehre unser Herz bis ins Innerste meistern, dort hat sie ihren Sitz. Also, erforschen wir unser Herz aus der Lehre und verstehen wir sie aus dem Herzen. Fahren wir darin fort, so wird die Lehre im Herzen bewahrt. Sie durchdringt das Herz, indem es sie bis zur Neige trinkt“.[30]

Anm. b: Das unser Leben unleugbar verderbende Zerstreut-sein heißen wir als einen erfreuenden Genuss willkommen. Diejenigen, die dagegen nach dem Gesammelt-sen verlangen, erfahren sich nicht selten versteckter Diskriminierung ausgesetzt, als seien Freude und Freiheit nur auf die Art und Weise, wie gut wir die Zeit im Zerstreuen verbringen können, erreichbar: keinesfalls dürfen wir dies, womit wir uns identifizieren, verpassen. Weil jedoch unsere Identifikations-Objekte ständig wechseln, werden wir immer unfähiger, die für uns notwendig anstehende Entscheidung – hin auf das *Leben-Selbst* – zu treffen.

Anm. c: „Dōgen ergründet den innersten Kern seines Lebens, indem er darin [im die Zeit Umfassenden] das Eigene – Leib und Seele – atmen lässt. … Was ist für ihn die am tiefsten gründende Welt? Das ist für ihn in Wahrheit die unmittelbarste Welt, der Einklang von Realität und Sich-ausdrücken. Hierin verliert sich sowohl das Sich-ausdrücken als auch die Realität. Was sich ausdrückt, geht bis zum Äußersten, wenn es zum Nicht-Ausdruck gelangt. In diesem Nicht-Ausdruck wird eben das Reale mitbegraben. Das ist die Welt des sich verschmelzenden Einens, das Äußerste ihres Grundes“.[31]

Erst wenn unser Atem in sein hier gesuchtes Gesammelt-sein mündet, werden wir vom erwägenden Erfassen dessen, was das Leben sei, frei, denn es hat seine authentische Gegenwart gefunden. In diesem Gegenwärtig-sein teilt sich uns – ohne jeglichen Zweifel – das Leben in seinem So-sein mit. Sind wir davon durchdrungen, uns ihm zugehörig zu wissen, dann besteht immer weniger die Gefahr, uns gegen das *Leben-Selbst* zu verhalten.[32]

Eine Ausfahrt mit der Katze in Finnland

Ihr absolutes Dabei-sein-wollen zeigt sich in ihrer Haltung. Im Hier und Jetzt richtet sich ihr Rückgrat auf in eine Körperhaltung, wie sie im Zen-Jou nicht authentischer sein kann. Nur mit dem Unterschied: sie schaut nach außen, wir aber schauen in der Übung gefasst nach innen, damit uns das Äußere – seine Fassaden – nicht mehr täuscht.

6 Des All-ichhaften Begehr: dessen Refugium

„Seht zu und hütet euch vor aller Habsucht. Denn für keinen – habe er auch im Überfluss – hängt sein Leben an seinem Hab und Gut“.[33] Alles, *was Leiden schafft*, hat seinen Wurzelgrund im Ich-zentriert-sein.[34] Was ist die Triebfeder im Herzen des Menschen, die *das Ich-hafte* bewegt und ihn zum Handeln antreibt? *Misstrauen!* Es ist die im Herzen geborene Begierde, die sozusagen das *Leben-Selbst* zu verfügen trachtet. Misstrauen ist deshalb der Grund aller Sünde. Je mehr unser Tun und Lassen aus dem hier offen gelegten Sich-widersetzen erweckt und gewirkt ist, desto tiefer hinterlässt dies in uns das innere Gespalten-sein. Das Ganze unseres Daseins, das wir weder festzuhalten noch zu manipulieren vermögen, ist davon betroffen. Aus Misstrauen, welches das innere Gestimmt-sein, grundgelegt in der Maxime des Lebens, irritiert, verstricken wir uns in vielfältig widersprüchliche Akte. Ein-damit-versöhnen wird deshalb in einer für uns abträglichen Weise – jeder sucht es nur selbstisch – intendiert. Wie können wir dem, was in dieser Kluft vor sich geht, tiefer auf die Spur kommen? *Shugyō: Übung und Verzicht!* Dies ist der uns geschichtlich tradierte Weg, auf dem wir des inneren Gespalten-seins bewusst werden. Ohne es zu erkennen und anzunehmen, vermögen wir die innere Stimme – ihre Korrektur – aus der Identität, ja, die aus dem *Leben-Selbst* nicht wirklich zu vernehmen. Das würde bedeuten, wir können sonst nichts anderes, als mit unseren widersprüchlichen Akten fortzufahren, und zwar um des Selbst-rechtfertigens willen. Weil es der Differenz, dem Domizil des ich-haften Begehrens, gelingt, ihre Interessen mit der aus der Identität kommenden Kraft sich zu vermischen; so können wir dem eigenen Verhalten, als wäre da kein Widerspruch zur Lebens-Ordnung am Werk, erliegen.[a] Soweit das Einsehen in den uns selbst betrügenden Anspruch, das Leben zu wirken, verwehrt bleibt, sucht jeder von uns nur für sich seinen Identifikations-Mangel zu befrieden und haftet daran. Jede Art von Verlangen aus dem Ich-haften führt zur Isolation, ja, zum Tod.[b]

Je geschwächter die Identität aufgrund der Befleckung des Bewusstseins wahrgenommen wird, desto mehr kann das Ich-hafte den alles beherrschenden Anspruch der Differenz verstärken: der Anlass für das Ausmaß der ich-haften Selbstsetzung. Infolge dieses Missgriffs ereignet sich unser Leben weniger bestimmt aus der Identität, sondern es steht überwiegend unter dem Einfluss des ich-haften Begehrens. Blieben die Vermögen des Erkennens davon unberührt, so könnte unser Blick eher in das damit gegebene *Dickicht der Selbst-Täuschung* eindringen. Jedoch, d*es All-ichhaften Begehr,* dessen Refugium nichts anderes ist als ein Sich-selbst-täuschen, kann deshalb alle Akte – Denken, Reden und Tun – rechtfertigen. In diesen Humus der Einbildung sät sich die Saat der Ich-Anhaftung, die das Befähigt-sein der Differenz, die Wahrheit zu spiegeln, beeinträchtigt. Je befleckter die Differenz, desto wirksamer wird der Ich-Wille, der mit der Anhaftung an Anhaftung sein äußerstes Objekt kreiert, nämlich, dadurch machen wir in absurder Weise uns selbst zum Objekt. Dieses verdinglichte Etwas aller Etwasse, *das Ich,* zu verlieren erweckt in uns eine tiefe existenzielle Angst: ja, ohne dieses Etwas stürzten wir in das *Nichts,* als ob es unser Leben repräsentieren würde.

Das Ich-Bewusstsein ist im gängigen Verständnis uns nicht nur *eigen,* sondern dessen willkürliche Einflussnahme ist durch den Zeitgeist sogar gerechtfertigt; es ist kein Geheimnis, dass die gegenwärtige Gesellschaft von uns allen ein verstärktes Ego fordert. Das dadurch individuell bewusstgewordene *Mir-eigen-sein* trennt uns nicht nur voneinander und von der Schöpfung, sondern zieht uns noch tiefer in die dualistische Anschauung hinein. Auch wenn es den Anschein hat, als ließen sich die anstehenden Herausforderungen anhand des aktuellen *Machen-könnens* bewältigen, so ist und bleibt dies doch oberflächlich, weitgehend gebunden in unserem menschlichen Verfügen: weist die Wirklichkeit nicht doch auf die Notwendigkeit des Darüber-hinaus hin? Das *Mir-eigen-sein* kann sich nur im Trennen, ja, eigentlich und letztlich vom *Leben-Selbst*, durchsetzen. Das geforderte Eigen-sein, welches sich als ein Frei-werden ausgibt, manipuliert unser Mensch-sein. „Ja! ein göttliches Wesen ist das Kind, solange es nicht in die Chamäleons-Farbe der Menschen getaucht ist. Es ist ganz, was es ist, und darum ist es so schön. Der Zwang des Gesetzes und des Schicksals betastet es nicht; im Kind ist Freiheit allein. In ihm ist Frieden; es ist noch mit sich selbst nicht zerfallen. Reichtum ist in ihm; es kennt sein Herz, die Dürftigkeit des Lebens nicht. Es ist unsterblich, denn es weiß vom Tode nichts. Aber das können die Menschen nicht leiden. Das Göttliche muss werden, wie ihrer einer, muss erfahren, dass sie auch da sind, und eh es die Natur aus seinem Paradiese treibt, so schmeicheln und schleppen die Menschen es heraus, auf das Feld des Fluchs, dass es, wie sie, im Schweiße des Angesichts sich abarbeite".[35] Auf dem hier offengelegten ich-zentrierten Bewusstsein fußt der Grundsatz der Interessen, der für das gesellschaftliche System als notwendig gefordert, sogar diktiert ist. Weil das Ich dem Kollektiv dienen soll, muss es von den Prinzipien der Interessen gefärbt sein. So können die ich-zentriert gesetzten Akte in unserer Welt volles Bürgerrecht haben, als wären sie die treibende Kraft unserer Existenz. „Das Herz des Ich bedeutet einerseits als Bewusstsein seiner selbst die Basis des Charakters und des Intellekts, andererseits aber verursacht es als Ich-Sucht, als Ich-Anhaftung, das Erwachen zu verhindern. Das Ich schließt die intellektuelle Tätigkeit ein, es ist die Quelle von Unwissen und Irrtum. Vom Irrtum aus gesehen ist das Herz des Ich das Herz der Anhaftung: *Ich bin*. Um zu erwachen, muss dieses Herz unbedingt beseitigt werden. Gleichzeitig muss man sich von der Basis des Charakters und des Intellekts als dem Bewusstsein seiner selbst, der Grundhaltung der menschlich-dualistischen Sicht, entfernen. Um wirklich in die absolute Freiheit befreit zu werden, müssen wir uns ohne Rücksicht von jeglichem so verstandenen menschlichen Standpunkt abscheiden".[36]

Ist das Herz durch *Shugyō* wirklich ausgerichtet auf das Unwiderlegbare, das uns im Innern durchlichtet, dann kann dem sich bewegenden Ich sein Akt-Feld entzogen werden, damit unser Verlangen auf das Unendliche hin erstarke. Dagegen korrespondiert das egozentrische Herz mit dem Vergänglichen, welches dem intentionalen Akt-Feld des ich-haften Begehrens seine Objekte offeriert. Hier zeigt sich, wie sehr sich das ich-haft orientierte Herz im Verhältnis zur uns eigentlich gegebenen Lebens-Perspektive limitiert. Ja, weit darüber hinaus, wie widersetzlich sich der Mensch aufgrund seiner Blindheit gegen sich selbst verhalten kann. „Die Wurzel meines Selbst, *Karmavipāka*, ist abgrundtief; tiefe, tiefe Finsternis. Es ist Lichtlosigkeit, Unwissen, völliges Dunkel. Aus diesem lichtlosen Grund steigt das Ich-hafte auf. Stets – sei es im Schlaf, sei es im Wachen – bin ich gefangen vom Ich-haften. Das ist die Art, wie der Mensch sein Leben zubringt".[37] Diese existenzielle Erfahrung der Abgründe seiner selbst kann der Mensch ohne *Shugyō* – Übung und Verzicht – niemals einholen.

Durch die Entscheidung für den Weg – in all unserem Tun gegenwärtig – geschieht Läuterung. Das aufgrund der Ich-Anhaftung verstellte Tor zum Leben, soll es sich auftun, muss ent-stellt werden. Nur so gelangen wir zur Selbst-Erkenntnis, zum Schauen unserer eigenen Nichtigkeit. Der Weg, der uns ohne wenn und aber dorthin führt, ist äußerst demütigend, jedoch nur die Demut zertrümmert unsere Ich-Illusion; als wäre das Ich der Grund-Stein, auf dem sich unser Leben bauen ließe. „Willst du frei sein von jeder Habgier, musst du dich um jeden Preis von deinem Ich trennen. Dazu ist das Anschauen der Unbeständigkeit das allerwichtigste".[38] Allerdings, weil unser in das Vergängliche verstricktes Herz in dessen Erkennen und Wahrnehmen uns bindet, sind wir verhindert, dies zu überschreiten. Würde uns aber unsere Unbeständigkeit stets gegenwärtig sein, verlöre die aus dem ichhaften Herzen aufsteigende Gier ihren Sinn. Geht es hier nicht doch darum, des in unserem Herzen nistenden Todes gewahr zu werden? Das uns uneinsichtige Gebunden-sein in

Totem, aus dessen *Getto* zu entkommen, gilt es! Dafür muss *das sich selbst setzende Ich* erschüttert werden. Denn: „Wer kein Herz zum Weg hat, noch sich vom Ich trennt und den Ruhm nicht aufgibt, wie verständig und weise er auch sein mag, der wird nie zum Weg-Gehenden, noch weiß er das Wahre".[39]

Was geschieht eigentlich mit uns auf dem Weg, im Bemühen jenes Entkommen einzulösen? Entscheiden wir uns wirklich zum Opfergang mit unserem Ich, zum von uns im wahrsten Sinn zu leistenden Verzicht,[d] so erfahren wir, ohne das Wie und Warum zu wissen: das *Leben-Selbst* nimmt alles, was den Weg hindert bzw. verhindert, und gibt zugleich alles, was den Weg *wegweist*.[40] Nun dämmert uns, dass wir die Kraft aus der in der Identität grundgelegten Zuversicht schöpfen müssen, um der negativen Kraft des Ich-haften, welche ihr Einfluss-Feld – ihre Latifundien – verteidigt, auf dem Weg nicht zu erliegen. Zweifelsohne werden wir uns im Ringen mit dem unfassbar Dunklen unserer Ohnmacht, die uns zur *Verleugnung des Mir-eigen-seins* führen soll, bewusst: nur diese radikale Umkehr vermag *das sich selbst rechtfertigende Ich* zu besiegen, ja dessen Ohnmacht offenzulegen.

Misstrauen, unser Versöhnt-sein überhaupt, ist für das Ichhafte das Humusbeet, in dem es seine von Fäulnis befallene Wurzel hat. Solange in uns ein Moment des Ich-haften gegeben ist, lässt es uns *den Weg zum Leben* ganzheitlich nicht annehmen und gehen. Denn selektiv ist unser Verhalten, Leiden folgt daraus. Um es zu mindern, nehmen wir alles, was dafür dienlich zu sein scheint, dankbar an; jedoch lehnen wir das *Nicht-zu-wählen* ab und erschweren dadurch, dass uns das Not-wendende zufällt. Entscheidend ist, ob uns das *Leben-Selbst* das Auge öffnet. Wie ließe sich sonst das in uns nistende Dunkle durchdringen: „Die Leuchte des Leibes ist das Auge. Wenn nun dein Auge heil ist, wird hell-licht sein dein ganzer Leib. Wenn aber dein Auge böse ist, wird finster sein dein ganzer Leib. Ist nun gar dein inwendig Licht Finsternis – welch große Finsternis dann!"[41]

Anmerkungen

Anm. a: Das eigentlich spaltende Moment in der Kluft der Differenz zur Identität ist das Ringen, der Widerstreit, zwischen der Welt des Lebens und der des Todes. Jedes Kräfte-Feld strebt danach, die Oberhand zu gewinnen. Weil unsere Zuordnung zum Wahren einer Störung unterworfen ist, kann das Vermischte hier Land gewinnen: es verkörpert jedoch eine Folgeerscheinung im Gegensatz zum eigentlichen Lebens-Impuls.

Im tiefsten Innern in uns, dem dort grundgelegten Impuls des Lebens, ist ein Sehnen eigen, den spaltenden Dissens in uns zu überwinden, ja letztlich zu befrieden. Dem entgegen steuern die Dispositionen – die ihren Energien zugrunde liegende Tendenz – darauf hin, das erfahrene Nichtübereinstimmen noch zu entfachen. Dieser Konflikt besteht für uns im Ausgeliefert-sein des hiermit gegebenen Sich-widersetzenden: das unser Dasein bewahrende Moment ist der Lebens-Impuls, der dem tendenziösen Energie-Feld der Dispositionen entgegen steuert, dagegen sind es die unsere Existenz zu zerstören trachtenden tendenziösen Energien, die sich dem Lebens-Impuls widersetzen. Deshalb, weil der raum-zeitlich freie Impuls und die raum-zeitlich gebundenen Tendenzen von uns *symmetrisch,* was sie absolut nicht sind, wahrgenommen werden, können wir den uns täuschenden Kräften erliegen. Eigentlich nehmen wir das Begründet-sein des Lebens-Impulses wahr, jedoch ist – existentiell in unserem Hier-sein gebunden – das tendenziöse Energie-Feld der Dispositionen, dessen ruheloses Sich-vernehmen-lassen, uns näher. Das ist der Grund, weshalb wir versucht sein können, zu glauben, dass das durch den Lebens-Impuls Intendierte für uns im Einlassen auf die tendenziös-analogen Grundstimmungen aus den Dispositionen zu finden sei: so entfremden wir uns von uns selbst.

Im eigentlichen Sinn bestünde unsere Lebens-Orientierung, unsere Identifikation, im Ausgerichtet-sein auf das Überzeitliche aus der Identität. In unserem Hier-sein erliegen wir jedoch einer Vertauschung und versuchen, unsere primäre Orientierung im innerweltlichen Ereignis-Feld zu finden und einzulösen; dies, obwohl das daraus Erfahrene dem aus dem Lebens-Impuls uns *Zugedachte* diametral entgegen wirkt. Weshalb diese Verkehrtheit mit solch einem Gewiss-sein sich einzulösen vermag, ist damit gegeben, dass das Vermittelte aus dem Impuls des Lebens – auf dem Weg seines authentischen Mitteilens – sich vermischt mit dem analog aus der Differenz Intendierten und dadurch die authentische Intention verzerrt, ja ersetzt.

Irritiert in unserem Wahrnehmen kann nun der tendenziös wahrgenommene, analoge Impuls, das eigentliche aus dem *Leben-Selbst* ersetzen. Mit anderen Worten, die entwendete und verfälschte Wahrheit gewinnt dadurch überwiegend in unserem Leben die Oberhand; wäre unser Erkennen nicht solchermaßen geschädigt, dann ließe sich die Ursache von viel menschlichem Leiden eher offenlegen und dadurch ihm auch entkommen. Um das hier offengelegte Fehlgeleitet-sein zu entkräften, letztlich aufzuheben, müssen wir *willig* den Leidens-Weg gehen, denn ohne Kreuz ist unsere wahre Befreiung vom uns zerstörenden Leiden, nämlich unser Verbundensein mit dem Lebens-Impuls, nie erfahrbar.

Anm. b: „Der Versucher Pãpimã sagt: «Wer Kinder hat, freut sich. Wer Kühe hat, freut sich ebenfalls. Freude ist es, woran der Mensch anhaftet. Wer dies nicht hat, wahrlich, freut er sich nicht. Buddha antwortet: «„Wer Kinder hat, hat Kummer. Wer Kühe hat, hat ebenfalls Kummer. Wahrlich, Kummer des Menschen, dies ist es, woran er anhaftet [Anhaftung an Anhaftung]. Wer nichts hat, woran er anhaftet, hat keinen Kummer»".[42]

Anm. c: Mit anderen Worten: „Bei Dōgen ist das aufrichtige, das gänzlich auf das Wahre [Tathãgata] hin ausgerichtete Herz nichts anderes, als den Blick auf die Unbeständigkeit zu richten. ... Schaut der Mensch seine Unbeständigkeit, so entsteht in ihm keine Begierde nach Ruhm und Reichtum. Er fürchtet die Schnelligkeit der Zeit, so dass er sich dem Weg des Erwachens durchaus hingibt".[43]

Anm. d: Das ich-hafte Begehren, dessen Akt-Feld von der Einfluss-Sphäre der Dispositionen nicht zu trennen ist, ist in seinem intendierten Wollen damit vernetzt, weshalb es daraus seine Akte setzt und schließlich sie integrierend erfahren kann. Anhand dieser scheinbar legitimen Vernetzung bestätigt sich nun der zu setzende Akt: als sei er aufrichtig. Ohne den geforderten Verzicht zu üben, können wir *diesem raffinierten Trick-Spiel,* das in uns am Werk ist, nie auf die Spur kommen. Dem hier offengelegten Vernetzt-sein uns klar entschieden zu stellen, ist für Shugyō unabdingbar, denn es ist und bleibt auf diesem Weg eine permanente Anfechtung, Übung und Verzicht *selektiv* zu praktizieren. Worauf zielt eigentlich unser Verzicht? Mit unserem Begehren, gestimmt aus den Dispositionen, uns nicht mehr zu identifizieren.

7 Selbst-Bescheidung: Arm-sein im Geiste

„Ist doch die Weisheit beweglicher als jede Bewegung; sie dringt und geht durch alles vermöge ihrer Reinheit. Sie ist ja ein Hauch der Kraft Gottes und reiner Ausfluss der Herrlichkeit des All Herrschers; deshalb kann keine Befleckung sie je berühren. Denn sie ist ein Abglanz des ewigen Lichtes und ein makelloser Spiegel des Wirkens Gottes und ein Abbild seiner Güte".[44] Fragen wir, gibt es überhaupt ein Etwas in uns, das dazu bestimmt ist, das hier über die Weisheit Offengelegte aufzunehmen, so kommt dies nur der Identität der Kern-$_F$ zu. Sie ist dafür von Grund auf disponiert, das mit dem *Leben-Selbst* uns Fügende zu ererben; die Differenz partizipiert daran in dem Maße, wie geläutert sie ist. Was uns hier klar werden muss, ist, woraufhin unser Shugyō zielt: die Läuterung des Bewusstseins. Der Weg führt durch sehr viele – personal schmerzliche – Umbrüche hindurch zur *Selbst-Bescheidung,* eigentlich zu einem Sich-öffnen, welches das Heute – hier und jetzt – als Mensch nicht nur für sich besteht, sondern vielmehr geht es darum, dass uns *das Sich-befinden allen Lebens* ins Blickfeld rückt und wir daraus handeln. Das ist ein Mensch, dessen Differenz der Kern-$_F$ ihre völlige Armut, ihr Geschöpf-zu-sein, durch und durch erkannt und angenommen hat.[a] Zur Einsicht, dass der Mensch aus sich selbst nichts vermag, kann er strenggenommen nur durch die erwachte – vom *Leben-selbst* erfüllte – Identität kommen. Dann wird er dazu geführt, sein Verwiesen-sein in Wahrheit zu erkennen. „Mein Sein, so wie ich es vorfinde und mich darin finde, ist nichtiges Sein; ich bin nicht aus mir selbst und bin aus mir selbst nichts, stehe jeden Augenblick vor dem Nichts und muss von Augenblick zu Augenblick neu mit dem Sein beschenkt werden. ... Ich stoße also in meinem Sein auf ein anderes, das nicht meines ist, sondern Halt und Grund meines in sich haltlosen und grundlosen Seins".[45]

Das reine Etwas, genannt *Identität*, ist in uns der Quellgrund des Lebens-Impulses. Die reine Gegenwart, welche aus ihm quillt, überschreitet deswegen in ihrer Wirk-Intensität und Kreativität alles, was uns das zerstreute Bewusstsein je vermitteln könnte, weit, ja nahezu unendlich. Das ist der Grund, weshalb das hier Erfahrene in keiner Hinsicht mit dem Unerwacht-sein verglichen oder in Verbindung gebracht werden darf, denn sonst verleugnen wir unser Verwiesen-sein.[46] Dieser Sachverhalt kann von uns Unerwachten nicht angenommen werden, obwohl wir vielfach die Chance hätten, unserem Bedürftig-sein in die Augen zu schauen. Liegt es nicht doch in der Sache selbst, dass das, was uns *vom Hiersein zum Darüber-hinaus* führen will, von uns gewendet und an unser innerweltliches Verständnis angepasst wird. Stünde die Identität in ihrem ursprünglichen Stand – durchdrungen vom *Leben-Selbst* –, würde sie wie ein Licht alles Dunkle erhellen. In diesem Erhellt-sein erweist sich der wahre Seins-Stand der Identität: *das von ihr unbegreiflich Erfahrene, das Leben-spendende,* kommuniziert nun vertikal, aber auch horizontal teilt es sich mit. Jedoch, viele von uns hadern letztlich mit dem *Leben-Selbst,* weil sie entweder die Notwendigkeit des Erfüllt-werdens nicht erkennen können oder es nur dem eigenen Vorstellen angepasst akzeptieren, mit anderen Worten, es in fassbarer Weise suchen. Hier liegt der Grund, weshalb das Bedürftig-sein vielfach als ungerecht erfahren wird. Übersehen wir nicht die Tatsache, wird das reine Etwas in uns nicht authentisch erfüllt, die Notwendigkeit seines Erfüllt-werdens unterschlagen, so trifft das die Nabelschnur unseres Lebens. Denn das reine Etwas allein hat nicht das volle Licht, erst durch sein Erfüllt-werden erweist sich dessen Authentizität. Wer hier Klarsicht haben will, kann nicht umhin, das reine Etwas von dessen absolutem Verwiesensein auf das *Leben-Selbst* klar zu unterscheiden.

Schlüssel und Tor der Geburt des neuen Menschen ist, der Bedürftigkeit der Identität einsichtig zu werden. Die im Prinzip raum-zeitlich verknüpfte Differenz aber ist – sowohl in ihrem Bedürftig-sein als auch in ihrem Widersinn – nur im Verhältnis zur absolut davon freien Identität offenzulegen. Weil die Differenz sich selbst nicht einsichtig zu werden vermag, rivalisiert sie mit der Identität, wodurch sie ihre Teil-Bestimmung im Akt-Feld der Kern-$_F$ verrät. Der Verrat kann sogar soweit gehen, dass die Differenz, angefüllt mit ihrem Widerspruch, ihr von der Identität unabhängiges Reich zu schaffen trachtet: ein totes Reich. Allerdings, dafür muss sie die nötigen Ressourcen aus der Identität rauben. Bildlich gesprochen ist die Differenz wie ein Gefäß, in dem sich abgelagerter Schmutz befindet. Davon muss sie im Licht der authentischen Gegenwart der Identität gereinigt werden, denn Ihr ursächliches Eigen-sein ist *Leere*: nur in dieser Leere kann sich das aus der Identität Zufließende spiegeln, damit sie fähig wird, ihre Bestimmung hin auf das Geschaffene zu verwirklichen. Shugyō – Übung und Verzicht – ist hierzu der Weg: unter keinen Umständen darf ihr Verwiesen-sein auf die Identität unterschlagen werden.

Selbst sich zu erkennen kann der Mensch nur aus der erwachten Kern-$_F$. Das Erwachen, sich im Licht der Identität zu befinden, ist das Einsichtig-werden in all das, was in der Differenz an Verderblichem illegitim haust. In Stolz, Neid, Gier, Zorn und Ungeduld zeigt es sein wahres Gesicht. Sich mit *diesen verwerflichen, in uns festsitzenden Neigungen* nicht mehr zu identifizieren, ist der Weg zu jener Leere, in der das Frei-sein eines Menschen sich bewahrheitet. Erst hierdurch entsteht für uns die Fähigkeit, die Verantwortung der freien Entscheidung zu tragen und so das Leben aus dem Ausgerichtet-sein hin auf das *Leben-Selbst* mitzutragen. Wird wahres Frei-sein, das mit allem Seienden atmet, der Willkür – unter dem Selbstbetrug, unabhängig zu sein – geopfert, so wirkt dies nicht nur zurück auf den Handelnden selbst, sondern es trifft das Ganze seines Daseins. Frei-sein darf nicht mit dem Ego-zentrisch-sein verwechselt werden. Nur an das Mitsamt des Alls gebunden verkörpert sich das Frei-sein – *die wahre Freiheit* –, wie widersprüchlich es auch klingen mag.

In jenem *reinen Etwas* ist unsere unwiderlegbare Individualität begründet. Jedoch, individuell zu sein, wird oft fälschlich dem Ich-zentriert-sein zugeschrieben. Nichts in dieser Welt ist davon frei, um damit – nicht doch fraglos – die Pseudo-Individualität zu rechtfertigen; wie sollte sonst das wahr-falsch Vermischte einen – wenn auch illusionären – Ausweg aus seinem Dilemma finden. Wahr ist hier *das ahnungsweise Wahrnehmen* unserer authentischen Individualität, die in der Identität der Kern-$_F$ grundgelegt ist. Irreleitend ist sowohl die Annahme, die eigentliche Triebfeder des Ich-bezogen-seins sei in Verbindung mit der authentischen Individualität zu sehen, als auch die Vorstellung, als hätte die ich-bezogene Individualität ausschließlich in den Dispositionen der Differenz ihren Anlass. Dies alles hat seinen eigentlichen und dem Leben gegenüber feindlichen Ursprung *im Griff nach dem Leben-Selbst.* Deshalb ist *der hierdurch verursachte Virus,* der das Leben zu verfügen trachtet, in uns eingestiftet. Rührt es doch nicht davon her, dass dieser Virus das Ich-zentriert-sein, das die Lebens-Kraft aus der Identität entwendet und veruntreut, erwirkt! Weil sich jede Ich-Intention letztlich existentiell aus der Identität speist, stehen wir vor einem überaus paradoxen Sachverhalt: das unser Leben Tragende und das unser Leben Zerstörende sind ihrer Herkunft nach äußerst nah und zugleich ihrem Ziel nach – durch das Zerwürfnis – äußerst entfernt. Im Faktum des Entstehens der Intention gilt es, das uns überwältigend täuschende Moment in der ich-zentrierten Intention zu entschlüsseln: niemand kann aus eigener Kraft diesem verfänglichen Zwiespalt – ohne zu fallen – entkommen.

Vergleichen wir die Akte, die sich aus der Lebens-Kraft bestimmen, mit den Akten, die aus der ich-haften Intention gesetzt sind, so lassen sich in diesem Akt-Feld zu jenem gewisse Analogien aufzeigen. Aufgrund *der ursächlichen Geltung* ihrer nun entgegen gesetzt wirkenden Kräfte erfahren wir, dass das dem Veranlassten zugrunde liegende Handeln, dessen Akt-Feld sich aus der Identität bestimmt, vielfach im veruntreut Bewirkten analog nachgebildet ist. Das *Analog-Imitierte* ist differenz-orientiert; es ist deshalb in sich selbst uneinsichtig und durchaus irreführend. Wäre doch die Identität hier die tragende Kraft, so ließe sich das Analog-Imitierte als das uns Täuschende eher entlarven. Da wir jedoch unsere Handlungs-Intentionen überwiegend Differenz-orientiert setzen, kann sich das dadurch entstehende *Nebel-Feld* weit über das von uns zu Beurteilende hinaus ausdehnen.

Im Authentischen der Individualität sind in uns je spezifische Vermögen grundgelegt. In Einheit mit dem *Leben-Selbst* wollen sie geboren werden, sollen reifen und ihre volle Gestalt gewinnen: dafür muss das *reine Etwas* in uns durchlichtet werden.[47] Jedoch die in uns gründende *imitierte Individualität* ist verursacht vor allem aus der Genealogie und dem geschichtlich Vermischt-angehäuften. Wer seine *zweite – differenz-orientierte – Natur* absolut nimmt, geht, was eigentlich sein sollte und gut wäre für das Mitsamt, in die Irre; so jemand steht in Gefahr, noch tiefer – gegen das *Leben-Selbst* gerichtet – dem Irrtum zu verfallen.[48] Unsere eigentliche und die analog-imitierte Individualität sind zwei Kraft-Felder in uns, die uns hin und her zerren und nicht zur Ruhe kommen lassen; sie verweisen in uns auf zwei entgegen gesetzte *Einflussbereiche,* die miteinander im Streit liegen.[49] Wahrzunehmen, wie wir zuvor alles ich-zentriert intendierten und darauf bauten, was unserer authentischen Individualität sich widersetzt, ermöglicht uns erst den Durchblick, um das eigene Erbärmlich-sein wirklich zu schauen. Je mehr der Mensch seine Bedürftigkeit erkennt, umso tiefer schaut er in der Differenz seinen Mangel an Ehrfurcht, sein ich-zentriertes Gehabe, ja sein Gefallen-sein. Das Kraft-Feld der analog-imitierten Individualität, welches differenz-orientiert sich aktualisiert, ist durch Übung und Verzicht – dessen Dispositionen in Verbindung mit dem Samenspeicher – in seinen Ursprung zu wenden. Die wahre Individualität kann durchbrechen, indem der Humus für die Entstehung des Ichhaften sich mindert; letztlich muss er sich auflösen.

Ist die Differenz ganz leer, so kann sie von der Identität durchdrungen werden. Das bedeutet: die Kern-$_{F}$ ist mit sich selbst geeint; so eint sich in uns *Himmel und Erde*.[50] Dass *das Eins-werden* je spezifisch erfahren wird, ist bedingt durch die in der Identität zugrunde gelegten individuellen Vermögen. Die wahre Individualität wird erst darin sichtbar, indem der Mensch empfänglich wird für das E*rfüllt-werden vom Leben-Selbst* und so sein Dasein in das Mitsamt fügt.[51] „Dass der Mensch Gott in sich *empfängt*, das ist gut, und in dieser Empfänglichkeit ist er Jungfrau [die geeinte Kern-$_{F}$]. Dass aber Gott fruchtbar in ihm werde, das ist besser; denn Fruchtbarwerden der Gabe das allein ist Dankbarkeit für die Gabe, und da ist der Geist Weib in der wiedergebärenden Dankbarkeit, wo er Jesum wiedergebiert in Gottes väterliches Herz".[52]

Das Gebet des Herrn[53] verweist uns in allen Bitten auf die Notwendigkeit der Leere in der Differenz als Bedingung ihres Erfüllt-werdens.[54] Wie ist es möglich, dass die Differenz eines Menschen völlig leer wird? Allein als ein menschliches Werk ist dies unmöglich. Jedoch, um dem wahren Leer-werden näher zu kommen, dafür ist die Demut der Schlüssel.[b] *Übung und Verzicht* sind der Weg, der uns diesen Schlüssel auffinden lässt. Übung ist im Hier und Jetzt den Augenblick zu bestehen, Verzicht ist das Abschied-nehmen von jeglichem in uns wirkenden *Ich-bezogenen-Intendieren* gegen das Mitsamt dem Leben. Mit anderen Worten: Verzicht – dem Eigen-Willen zu sterben – ist unser Übungs-Weg zur Läuterung. Das bereitet den Nährboden für die wahre Demut, die *den göttlichen Samen* keimen lässt. Nur in ihr kann der Mensch ohne Fehl seiner Nichtigkeit einsichtig werden, ja erst so sein In-die-Pflicht-genommen-sein erkennen. „Wenn wir sehen, wie Maria sich in ihrer Demut unter jedes Geschöpf erniedrigt, so sehen wir diese Demut auch erhöht über alles, was nicht Gott ist".[55]

Anmerkungen

Anm. a: Das Sich-spiegeln der Identität in der Differenz kann sich immer nur im Verhältnis zu ihrer Leere zutragen. Entbehrt die Differenz des hierfür erforderlichen Leer-seins, so mindert sich – je nach dem Maß – das Zu-spiegelnde in ihr; im Extremfall ist dies ihre völlige Negation des aufeinander Bezogen-seins. Das Verwiesen-sein der Differenz auf die Identität klar in den Blick zu bekommen ist deshalb entscheidend, weil das instrumentelle Bewusstsein differenz-orientiert seine Akte setzt. Mit ihr ist uns das Instrument zu entscheiden und das Entschiedene dann auch zu wagen in die Hand gegeben. In aller Regel ist – wie uns dies die Lebens-Praxis offenlegt – die Differenz nie leer, ihr Besetzt-sein variiert von weniger bis zu mehr, aber auch bis zu uneingeschränkt ist dies möglich. Hier liegt für uns der Schlüssel, um dem menschlichen Tun in all seinem Stück- und Flickwerk auf die Spur zu kommen, aber darüber hinaus auch die Chance zu entdecken, dass wir dem, was so ist, wie es ist, nicht zwangsläufig verhaftet bleiben müssen.

Das Zwanghafte in unserem Tun – im Handlung-Akt und dessen Gehalt – lässt sich reduzieren, ja eigentlich lösen, indem die Differenz von dem in ihr gespeicherten *Fremd-besetzt-sein* frei wird. Eben dieser Prozess zielt auf ihr Leer-werden, so dass das Lichtende, in ihr gespiegelt aus der Identität, sie erfüllt: entscheidend ist, dass die zu setzenden Akte weniger der unerlässlichen Transparenz entbehren. Vielleicht wird es für uns durch das hier Offengelegte auch verständlicher, weshalb wir unermüdlich auf das Erfordernis der Läuterung der in der Differenz einlagernden Dispositionen, von denen sie durch das reinigende Feuer befreit werden muss, hinweisen. Erst aufgrund eines derartigen Befreit-werdens verliert das instrumentelle Bewusstsein sein zwanghaftes Intendieren in den zu setzenden Akten. Nun kann es – berührt vom *Leben-Selbst* – mittragen: anstatt den Lebensfunken wie zuvor auszublasen, wird er angezündet.

Anm. b: Ohne die eigene Schwäche zu erkennen, können wir uns selbst nicht entsagen. Aus ihr folgt falsche Selbsteinschätzung, nämlich beleidigt, ärgerlich bzw. hochnäsig zu sein; überhaupt: andere zu richten. Wer die eigene Schwäche – was es auch sein mag – sieht, muss bereit sein, dazu zu stehen und das damit einhergehende Leiden im Vertrauen auf den Lebens-Impuls anzunehmen; immer geht es dabei zunächst um die Versöhnung mit sich selbst. Dies ist die Grundlage dafür, wenn das Versöhnt-sein unser Gegenüber und darüber hinaus auch das Verwiesen-sein auf das *Leben-Selbst* erfassen soll. Wie verhält sich Versöhnen mit Vergeben? Demut lässt versöhnen und zugleich das Vergeben empfangen.

9 Unentschieden: Pendeln zwischen Wahrheit und Lüge

„Gott ist Licht; und Finsternis ist in ihm keine. Wenn wir sprächen: »wir haben Gemeinschaft mit ihm« – und doch im Finsteren den Weg gehen, so betrügen wir und tun die Wahrheit nicht".[56] Weshalb weichen wir der Wahrheit aus und betrügen uns? Überdies, wie kommt es, dass wir diese Tatsache nicht wahrnehmen? Weil wir davon ausgehen, mit unserem natürlichen Erkennen auch die übernatürliche Dimension dessen, was unser Leben in Wahrheit erhellt, zu erfassen. Hierin verbirgt sich unser Betrug, der dem Eigenen den Vorrang gibt und uns auf diese Art durch das Leben pendeln lässt. Wir verweilen in unserem Unentschieden und sind stets in illusionärer Weise offen, um *der Wahrheit* zu begegnen. Von dem, was wir glauben zu finden, lassen wir uns täuschen: Unfreiheit und Unfriede sind das Ergebnis, die uns nötigen, ständig in unseren Fixierungen Neuem nachzujagen. Somit zahlen wir unseren Tribut an den Zeitgeist. Dieser ist die Quelle unserer Zielvorgaben und Sicherheiten, gebunden im menschlichen Erfahrungskontext und serviert mit dem zeitbedingten Anspruch von Wahrheiten.

Was fordert *Gemeinschaft mit ihm* von uns? Ist nicht doch das *Mitsamt-dem-All* dafür Schlüssel und zugleich Tor! Das hier Geforderte ist: die mikro-/makrokosmische Dimension in uns aufzuschließen. In Wirklichkeit aber trennt das innere Gespalten-sein uns von unserem ursprünglichen Mitsamtsein und verhindert so letztlich *die Gemeinschaft mit ihm*. Der Eigen-Wille, das dualistisch spaltende Instrument in uns, gewinnt dadurch lügnerisch die Oberhand. Deshalb: bereit zu sein, dem Unwahren – der Lüge – im Erleiden zu entfliehen. Eben dieses Erleiden entriegelt für uns zuvor Verschlossenes und entbindet vom kollektiv uns Fesselnden. Das für wahr Fest-gehaltene wird uns fremd, und für das uns Eigentliche können wir uns nun entscheiden. In der Tat will *das Mit-ihm,* das imitatorisch sich aus der Quelle des Lebens uns anvertraut, durch das Mitsamt-dem-All gelingen. Das Erwidern kann geschehen *im alles durchlichtenden Licht,* vor dem das uns Umnachtende flieht. *Im Finstern den Weg gehen* besagt demnach, der Entscheidung für das Licht auszuweichen. Unentschieden vermögen wir das uns Zufallende – sei es aus der Wahrheit oder aus der Lüge – nicht klar zu unterscheiden. Der Weg zum Leben ist selbst für den Entschiedenen nicht ohne Täuschung, Versuchung und Irreführung. Wie viel mehr kann dann der Unentschiedene der Lüge ausgeliefert, davon geblendet und manipuliert werden; dennoch mag er überzeugt sein, ihm sei der Sprung aus dem, was das illusionäre Selbst-Entfalten verhindert, gelungen.

Deshalb, weil unser instrumentelles Bewusstsein von Finsternis – Mumyō: 無明 – befallen ist, ist die Wirkweite unserer natürlichen Erkenntnis-Vermögen begrenzt. Ferner ist uns die Tatsache, dass diese Art des Erkennens sich selbst nicht einsichtig werden kann, nicht zugänglich. Unser Befallensein, das dem Einsehen versperrt ist, lässt sich auf dem Weg des uns läuternden Lichtens – Shugyō – lösen. Denn vielfach ist uns nicht nur der faktische Anlass, aus dem wir unsere Akte setzen, weitgehend uneinsichtig, sondern dieses Uneinsichtig-sein markiert eben unsere – uns selbst nicht bewusste – Blindheit. Dennoch mag das gespiegelte Ergebnis unserer Taten überraschen, in dem wir feststellen müssen, wie zwielichtig unsere Absichten sind. Akzeptieren wir diese ernüchternde Erfahrung als Warn-Signal, so bietet sich uns eine Chance, dem befleckten intentionalen Moment in unseren gesetzten Akten auf die Spur zu kommen. Wir aber weichen diesem Signal aus, um uns dem aufgetragenen Verantworten unserer Taten zu entziehen, anstatt uns dem gespiegelten Zwiespältig-sein zu stellen. Anstelle des Wahren, das hier erkannt werden könnte, tritt die sich einschleichende Lüge; sie nämlich überbietet das hier zu Erkennende.

Wird jenes Signal ignoriert, verfallen wir in noch tieferer Weise dem Haben-wollen; *das Sinnenhafte* scheint uns näher, sowohl was sein Erreichen als auch die Früchte daraus betrifft. Das sinnenhaft Sich-anbietende lässt in uns die Illusion keimen, es sei das Wahre, das einlädt, darin zu verweilen und daran zu haften. Jedoch alles, was aus dem Ichhaften verursacht ist, ist nichtig, denn es hat keine Dauer. Alles, woran wir haften, wird nichtig, denn es ist gebunden in der Zeit. Dauer ist nur der Wahrheit eigen; Nichtiges, an dem wir haften könnten, ist in ihr nicht zu finden. Die Wahrheit entzieht sich ohnehin unserem Zugriff: alles, wonach wir greifen, wird für uns nichtig, ja, sogar die Wahrheit selbst.

Das Ich, die uns beherrschende Macht, lässt uns im Unentschieden unsere Lebenstage fristen; wir haften, sei es an diesem oder jenem, letztlich jedoch an uns selbst. Mit trügerischen Kräften vielfältig verwoben, bindet es uns im Nebel der Uneinsichtigkeit und so vergeuden wir unsere Lebenszeit. Bezeichnend ist hierbei, obwohl das Ich ganz an sich selbst haftet, unterwirft es sich der kollektiven Macht. Aus der Absicht, derartig sich zu verhalten, folgt die Verdinglichung des Lebens; es scheut sogar vor dem Parallelisieren von Wahrheit und Lüge nicht zurück. Also kann die Entscheidung für oder gegen das *Leben-Selbst* nicht getroffen werden. Deshalb pendeln wir je nach unserer augenblicklichen Verfasstheit, uns diesem anzupassen oder jenes zu verherrlichen, indem wir uns in der Masse verbergen. Die Selbst-Behauptung und Selbst-Rechtfertigung dessen, was wir in Wirklichkeit nicht sind, spiegelt sich in all den das Leben verwirkenden Akten. Die Pseudo-Identität, die das Ich sich suggeriert, trachtet mit allen Mitteln danach, sich selbst zu rechtfertigen; es gilt, die damit einhergehende defizitäre Erfahrung zu verdrängen.

Von Anfang an ist es mit uns als Mensch so bestellt, dass wir uns für die Stimme aus dem Leben oder aus dem, das sich ihm widersetzt, zu entscheiden haben. Die Entscheidung für die Wahrheit: sind dafür nicht doch das Moment des Wählens und das In-der-Pflicht-stehen das Zünglein an der Waage? Die Wirklichkeit zeigt, das Einwilligen in das Selbst-sein hinterlässt das gespaltene Herz: die Entstehung des Ich-haften. Es ist *die doppelte Wurzel des Ich-haften*, ihr Kräftefeld, das sich aus der Identität und der Differenz der Kern-$_F$ konstituiert und uns im Nebel zwischen Wahrheit und Lüge bindet. Denn das benannte Ich,[a] verwoben mit geschichtlichen Fakten, ist disponiert aus *der ursündlichen Störung*, der Erblast der Vorfahren und persönlicher Schuldverstrickung: das hier Verdrängte lähmt uns, die Entscheidung auf das Leben hin zu treffen, ja dessen Notwendigkeit überhaupt zu erkennen. Die Farbe, Erscheinungsweise und Charakteristik des Ichhaften, das in der Differenz wurzelt, ließe uns in die egozentrisch aktive Intentionalität einen Einblick unter der Bedingung gewähren, uns selbst – ohne auszuweichen – zu schauen. Das aus der Identität gegebene Ich, das mit ihr identische und deshalb von jeglichem Dualismus freie Ich, schließt das Mitsamt-dem-All nicht aus, welches jedoch im Ichhaften ignoriert ist. Verursacht nicht doch gerade diese Ignoranz *das Problem-Bündel unserer Tage*? Die Absurdität besteht hier darin, dass das Ich sich in der Weise gibt, als wäre es aus sich selbst. Undankbarkeit und noch tieferes Erblinden sind die Folgen, sukzessiv binden wir uns los von dem, was unser Leben erhält. Gerade hierin gründet unsere – sei es verborgene oder offene – Angst, uns selbst abhanden zu kommen. Ist das Ich geeint mit dem Willen aus der Identität, so wird es letztlich in ihr aufgehoben; das sich selbst zunichte gewordene Ich verkörpert unsere wahre Gelassenheit. Unser Differenz orientierter Wille hat dagegen das Ichhafte zur Folge. Da das Ich-verlangen unser Erkennen insgesamt trifft, bleiben wir gebunden in dem, was uns das Wahre verstellt und dadurch verfälscht: so ereignet sich unser Leben im Pendeln zwischen Wahrheit und Lüge.

Wollen wir dem Pendeln entkommen, so ist dafür Shugyō unerlässlich. Dennoch müssen wir uns stets bewusst sein, dass all unser Bemühen uns vom Ich-haften nie ganz befreit.

Um der Versuchung, angekommen zu sein, nicht zu erliegen, dürfen wir die Tatsache nicht aus den Augen verlieren, dass der, wer den Weg geht, des Geführt-seins bedarf: das *Leben-Selbst* führt uns durch unsere Finsternis hindurch zum Licht. Wenn uns die Einsicht nicht geschenkt wird, dass das Ich eine Illusion ist, weil es, um seiner Natur gerecht zu werden, alles auf sich selbst beziehen muss, können wir das Ganze, das Umfassende nicht einlassen.

Was sind nun die Gründe, die uns hindern, jenem Geführt-sein zu folgen? Es ist Angst, das ich-bezogen Gesuchte, Angesammelte und Festgehaltene, was in Wirklichkeit unser Leben nicht trägt, zu verlieren. *Das ins Auge Gefasste,* worauf unser Blick zielt, hält Einzug und bindet unser Herz. In dem Maße, wie wir uns auf das so Erworbene einlassen, *prägt es uns nach seinem Bild*; in illusionärer Weise stellt es sich für uns als *Daseins-Inhalt* – trotz des damit einhergehenden Leidens – dar. Das Gefangen-sein im eigenen Netz – veranlasst aus dem Haften an uns selbst – lässt uns in der Vorstellung erschrecken, dass uns das Gewonnene auch noch genommen wird und wir vor dem Nichts stehen. Bilden unsere *Verlustobjekte* nicht doch das brüchige Fundament unseres innerweltlichen Harmonie-Verlangens? Eigentlich sollten wir im Erfahren unseres Gestört-seins die Chance für eine Entstörung entdecken und für ein Lösen unserer Fußangeln kundig werden: dies scheint jedoch uns schwer in den Blick zu kommen und auch anzunehmen. Übersehen wir hier nicht die versteckt wirkenden Ängste vor dem Verlust, welche uns im Nichtigen – das Überzeitliche tarnend – binden und zugleich unsere Vermogen zu unterscheiden lähmen. Deshalb müssen wir bereit sein, der Führung aus dem *Leben-Selbst* nicht auszuweichen. Wie die Wirklichkeit zeigt, unterwerfen wir uns eher der Führung eines Menschen: „Ich bin im Namen meines Vaters gekommen, doch ihr nehmt mich nicht an. Wenn ein anderer gekommen wäre in eigenem Namen: Den hättet ihr angenommen“.[57] *Das eingebildete Gesicht zu verlieren* ist dem Ich-verlangen unvorstellbar, deshalb muss es dem

Selbst-sein, das im Sich-überheben wurzelt und von Angst gesteuert ist, unbeschränkt gerecht werden: unsere Entscheidung für das *Leben-Selbst* nicht zu treffen, scheint dadurch gerechtfertigt zu sein. Untergraben durch das uns verborgene Verweigern, uns selbst zu verleugnen, verteidigen wir, uns selbst zu bestätigen: hier berühren wir die eigentliche Achillesverse unseres Daseins.

Wie zeigt sich unser *Nicht-entschieden-zu-sein im religiösen Verhalten?* Weil unsere religiöse Praxis in erster Linie nicht überzeitlich, sondern zeitlich orientiert ist, ist sie auch auf eine innerweltliche Art und Weise vollzogen, welche uns für das Unvergängliche erblinden lässt. Würden wir durch *Übung und Verzicht* uns selbst ohne Illusion schauen und aushalten, so ließe uns dies das Nicht-entschieden in den Blick kommen. Jedoch, solange das Sediment, das im Sumpf unseres Abgestumpft-seins einlagert, uns verschleiert bleibt, kann unsere religiöse Praxis nicht frei sein von Interessen. Erst die hierfür notwendige Läuterung, die bis in den Kern unserer Existenz reicht, deckt das täuschende Moment des Unentschieden-seins auf und erhellt unser diesbezügliches Verhalten: die Furcht vor den Menschen will sich hier uns entschlüsseln, und zwar als Mangel an Ehr-furcht vor dem Uranfänglichen von Allem, dem *Leben-Selbst*.[58]

Wenn unser Entschieden-sein irrtümlich in ein erstarrtes Entschlossen-sein mündet, so ist zu fragen, verbirgt sich dahinter doch ein Entschieden, das nicht nur unverkennbar identitäts-, sondern auch differenz-bezogen ist.[b] Das ist der Grund, weshalb unser Entschieden in seiner religiösen Ausrichtung nicht eindeutig ist. Wir pendeln zwischen wahr und falsch, was für das Unentschieden charakteristisch ist und woran wir sogar festhalten. Solch ein verhärtetes Entschieden, das der Offenheit für *das Mitsamt dem All* in je tieferer Weise entbehrt, hinterlässt Enttäuscht-sein, woran wir leiden und welches – aus Uneinsichtigkeit – saure Früchte zeitigt. Indem dies voll bewusst wird und wir auch dazu stehen, liegt für uns ein Schlüssel, dem Grund unseres Leidens auf die Spur zu kommen. Darüber hinaus lässt sich hierdurch auch der Weg auffinden, um dem zuvor erfahrenen Leiden nicht zu verfallen: bejahe und nehme an, was nicht zu ändern ist, damit das Ungelöste sich lösen möge. Solch eine aufrichtige Haltung weitet in uns Verengtes und unser Atmen öffnet sich hin auf seine kosmische Dimension. Das Leiden mit allem, was atmet, und unser menschliches Dasein sind unabdingbar miteinander verwoben. Daher ist es für uns entscheidend, klar zu sehen, dass das Leiden selbst letztlich nur im *Leben-Selbst* aufgehoben werden kann. Hier stellt sich für uns die Frage: atmen wir in Ihm, oder ist unser Atmen ausschließlich und deshalb veräußerlicht. Eben daraus bestimmt sich der Charakter unseres Leidens. Jedoch, Leiden, das allein nicht getragen werden kann, weil es den Kern unserer Existenz anrührt, müssen wir aushalten. Gerade in diesem Aushalten kommt das *Leben-Selbst* zu Hilfe und öffnet uns hin auf *seine über-kosmische Dimension*. Dies ist die Einladung Jesu, mit Ihm den Weg unseres Erleidens zu gehen: „Heran zu mir alle, ihr Mühenden und Überbürdeten: Ich werde euch aufatmen lassen. Mein Joch nehmt auf euch und lernt von mir. Denn: Sanft bin ich und von Herzen niedrig, und ihr werdet Aufatmen finden für euer Leben. Mein Joch ist ja gut, und meine Bürde ist leicht".[59]

Alles interessen-gebundene Intendieren schlägt sich immer auch auf das religiöse Bemühen nieder, schwächt das diesbezügliche Gelingen und dadurch unser Dasein schlechthin.[60] Das unstillbare Begehren weitet das sukzessiv-negative Kräfte-Feld: der Anlass, dem Eigenen zu frönen und es zu rechtfertigen. Der Nährboden für die Unterdrückung des Lebens – unser eigenes und anderes – ist damit gegeben: *dienend* wird geherrscht, um andere an sich zu binden; *schweigend* wird geurteilt, um so nicht nur das eigene Leiden zu kaschieren, sondern vielmehr sich bewundern zu lassen. In der nach außen hin gezeigten unerschütterlich scheinenden Sicherheit verbirgt sich eine suggestive Kraft, andere zu blenden, so dass die Angst davor, in seiner Zielsetzung zu scheitern, leichterdings nicht durchschaubar ist. Dem uns Erhaltenden ist demzufolge verwehrt, eingelassen zu werden, weshalb uns Unfrieden und Wirrnis umfangen.[c]

Der gängige – von vielen begangene – Weg ist trügerisch, denn er bindet uns im Mittelfeld, das wir mit dem, das *die richtige Mitte hält*,[d] nicht verwechseln dürfen. Jenes Dazwischen offeriert uns jedoch einen vorgetäuscht-gesicherten *Schutzraum*, dessen Hinterfragen sich zu erübrigen scheint. Da die Entscheidung, *den schmalen Weg zu gehen*, ohne Drangsal nicht möglich ist, weichen wir ihr aus oder verweigern sie.[61] Hier ist doch die Angst im Spiel, ausgeschlossen zu sein vom Jahrmarkt dessen, was Menschen üblicherweise miteinander teilen! Aus der von Angst gesteuerten Feigheit suchen wir zwar mit Zeitlichem unser Leben zu erfüllen, aber Überzeitliches soll uns doch zukommen: im Grunde ist es die Angst vor dem Tod, die unserem Tun und Lassen unterliegt. Soweit *der innere Ruf des Lebens* nicht vernommen und bedingungslos angenommen werden kann, können wir nicht umhin, *der Stimme der Welt* unser Ohr zu leihen. So eine unaufrichtige Haltung, im *Sich-nicht-entscheiden-müssen* zu verweilen, indem wir unseren Identitäts-Mangel mit *Etwassen* ersetzen, schließt uns von der *Obhut des Leben-Selbst* aus: „Ich weiß um deine Werke: Da weder kalt du bist noch heiß – dass du doch kalt wärest oder heiß – da du aber lau bist und weder heiß noch kalt: will ich aus meinem Mund dich speien“.[62]

Anmerkungen

Anm. a: Weil das Bedeutungs-Feld dessen, was wir unter dem Ich-Bewusstsein verstehen, nicht die notwendige Transparenz aufweist, schlägt sich dies in seiner Unbestimmtheit auf den Ich-Begriff nieder. Wenn wir jedoch zwischen dem vermeintlichen und authentischen Identisch-sein, mit welchem das Ich in Verbindung zu sehen ist, klar unterscheiden, dann lässt sich das ich-hafte Moment eindeutiger bestimmen; eigentlich verweist uns diese Problematik darauf, die relationale Verbindung der Differenz zur Identität offenzulegen. Das uns mit dem authentischen Identisch-sein zukommende Ich einzulösen, ist für uns kaum möglich, da dies ausschließlich aus der Identität seine Akte setzen müsste. Dagegen ist das vermeintlich identisch-orientierte Ich in unserem üblichen Sprachgebrauch gängig, ja eigentlich dualistisch in den von uns zu setzenden Akten verwendet. In den von uns verfassten Texten möge das Ich im Kontext dieser angedeuteten Relation gelesen werden.

Anm. b: Der im Guten Verhärtete glaubt und will glauben. Jedoch sind Hindernisse aufgrund seines Unentschieden in ihm wirksam, die eine Vertiefung seines Glaubens lähmen, was ihm Leiden verursacht aus der Überzeugung, dass er dies allein tragen müsse. Sein Überzeugt-sein mangelt an Vertrauen auf das *Leben-Selbst*. Weil sein Leiden ihn bindet, deshalb meint er zu wissen, *dass er davon nicht frei werden könne*. Trotz guten Willens und des Verlangens, von seinem Ich mehr entbunden zu werden, kann er den Weg über die ihn blockierende Hürde nicht finden.

Anm. c: Die gestörte Disposition der Differenz hat zur Folge, dass der Mensch dem Widerspruch in seinem Handeln verfällt. Das Ich-hafte, das aus der Differenz aufsteigt, nimmt sich die Kraft, die Identität zu ersetzen, und rechtfertigt damit sein widersprüchliches Tun. Dieser Frevel gegen die Grundordnung des Lebens lässt ihn *seine absolute Bedürftigkeit* nicht erkennen. Will er jedoch in Wahrheit leben, so kann er der Entscheidung für das *Leben-Selbst* nicht ausweichen.

Anm. d: Jene richtige Mitte wäre absolut missverstanden, sie in einem Verhalten *sowohl als auch* zu suchen. Nein, ganz im Gegenteil hierzu, sie ist dort angesiedelt, wo das dualistische Handhaben der uns umgebenden Lebens-Realität sich auflöst. In diesem Überschreiten verlieren die Gegensatz-Paare – wirksam in unserem Tun und Lassen – ihre das Leben entstellende Kraft. Mit anderen Worten, sollen die von uns zu setzenden Akte ihr leben-schädigendes Moment entbehren, so ist es die richtige Mitte, in der uns das eigentlich notwendige Disponiert-sein für das tätigende Wirken garantiert ist.

Den Weg der richtigen Mitte kann der Mensch nur gehen, wenn er aus der Identität der Kern-$_F$ die Führung annimmt. Sie will nichts unterdrücken, sondern den Lebens-Impuls in allem wachrufen. Weder rechts noch links, sondern der durch die Mitte geführte, schmale Weg ist der einzig befreiende.

11 Unentschieden: Ermangeln des inneren Wahrnehmens

„Warum findet ihr nicht von selbst das rechte Urteil?“[63] Der Fingerzeig – von selbst – verweist auf das uns gegebene Urteils-Vermögen, mit dem wir – ausgerüstet als Mensch – das Leben rechtschaffen bestehen sollen. Weil die in uns gelegte Kraft, Urteile zu fällen, mit Mängeln behaftet ist, kann sie nicht authentisch wirksam sein. Was ist hier die Ursache? Obwohl wir die Zeichen der Natur richtig deuten können,[64] sehen wir heute noch weniger denn je ein darüber hinaus weisendes Zeichen. Je entzweiter wir mit der Kraft unseres authentischen Erkennens sind, desto größer ist die Versuchung, *Nicht-aufgeklärtes* unter Ausschluss des *Leben-Selbst* zu deuten. Wie können sich der Urteilskraft *die darüber hinaus gehenden Ereignisse* erschließen? Sie muss aus ihrer Fixierung entbunden und von der einseitig innerweltlichen Nutzerhaltung befreit werden. Unerlässlich ist hier die Einsicht, dass die Urteilskraft nicht nur nicht autark ist, jedes beliebige Ereignis zu beurteilen, sondern vielmehr ihr das, was sie aus ihrem eigenen Vermögen weder angehen kann noch darf, zukommen muss: es geht darum, dass uns das darüber hinaus Ungelöste sich erschließe. Zumal wir sehr anfällig für das Konkrete, das Sichtbare und Fassbare sind, darf nicht übersehen werden, wie sich unser Erkenntnis-Horizont durch die objekt-orientierte Fixierung konsequenterweise limitiert. Deshalb wird das, was uns auffordert, die Welt der vordergründigen Tatsachen zu überschreiten, für uns schnell unannehmbar: wir verteidigen die uns selbst gesetzten Grenzen. Seltsamerweise darf diese Grenze sich erweitern, sofern uns das Überschreiten – aus welchem Grund auch immer – dienlich scheint. Es ist der Anspruch, *die Sache* in den Griff zu bekommen, zu besitzen und letztlich von uns aus zu verfügen.

Soweit das authentische Vermögen zu urteilen in uns nicht voll wirksam ist, ist unser *Klar-sehen* beeinträchtigt: aus Ehrfurcht das Leben zu bejahen ist befreiend, aus Angst das Leben zu verneinen dagegen fesselnd. Das eine widerstreitet gegen das andere in uns: das bejahend Heilsame kommt uns aus der Identität zu, das verneinend Zerstörende aus der Differenz. Weil d*as Vermischt-sein* unser normaler Zustand ist, ist die Gewissheit im Urteil davon gesteuert. Wie könnte dieses differenz-bezogene Überzeugt-sein den trüben Wassern des Erkennens entkommen, zumal sein Aktiv-werden – veranlasst aus den Dispositionen – das Einflussnehmen der Identität beeinträchtigt. Erlaubt uns die Nahtstelle der Kern-$_{P}$, die Zuordnung der Differenz zur Identität, nicht einen Einblick in das vorliegende Zerwürfnis? Wie eine Pforte will diese Nahtstelle sich uns öffnen und Einblicke gewähren, wie *das Sich-vermischen* geschieht und was daraus folgt.[a] Aufgrund des ermangelnden inneren Wahrnehmens sind wir versucht, *die Seins-Weise der Identität* der zeitlich-bedingten Differenz zuzuschreiben. Wir vergleichen diese mit jener, ohne ihr je spezifisches Verwiesen-sein zu berücksichtigen mit der Konsequenz: das Unvergleichbare wird auf diese Weise in das Vergleichbare hineingezogen. Aus diesem Grund ist das Akt-Feld selbst – unser Erwägen, Äußern und Tat-werden – durch mannigfache Einflüsse belastet, was uns häufig nicht bewusst ist.

Die Dimension unseres ganzheitlichen Wahrnehmens ist zwar von der begrenzten Einzelerkenntnis zu unterscheiden, aber diese kann in jene unter Umständen aufgehoben werden. Unter Umständen will sagen, aus der Ehrfurcht vor dem Leben, die ursprünglich in uns eingestiftet ist, geschieht es, dass das Zeitliche des Überzeitlichen – wie unscheinbar dies auch sei – teilhaftig wird. Lassen wir dagegen uns von der Angst beherrschen, so gewinnt das augenblickliche Bedürfnis die Oberhand. Folgen wir dieser Stimme, offenbart sich vor allem im daraus folgenden Mangel, der unser inneres Wahrnehmen verführt. Je öfter wir uns der Stimme aus der Differenz zuneigen, desto unempfänglicher werden wir für den Impuls aus der Identität. Es geht wirklich darum, unser

Verwiesen-sein auf das *Leben-Selbst* recht zu erkennen: denn *das ist unser Getragen-sein vom Mitsamt-dem-All.*

Die der Identität eigenen, in ihr gestifteten elementaren Vermögen zur Einholung unseres Mensch-seins sind Wille und Urteilskraft. Analog hierzu wirken in der Differenz vermeintlich desgleichen Wille und Urteilskraft. Die Unterscheidung zwischen dem oberen und niederen Seelenteil ist *not-wendend*: *das Scheidende* verdeutlicht sich im Ergebnis der jeweiligen Akte des Wollens und Urteilens. Sind die gesetzten Akte der elementaren Vermögen nicht im Widerspruch zur Identität, so stimmen der Wille und die Urteilskraft im Leben mit dem All überein. Gründen sie dagegen in der Differenz, so ist in ihrem Aktiv-werden ein zerstörendes Moment wirksam: der Wille begehrt und die Urteilskraft verurteilt. Das Wollen und Verurteilen, das in seinem Einfluss-nehmen an der Differenz orientiert ist, ermangelt nämlich dessen, *durch das sich unser Leben beglaubigt*. Nicht nur entfremden sich dadurch die elementaren Vermögen – Wille und Urteilskraft –, sondern sogar können die daraus gesetzten Akte ihre Selbst-Entfremdung so weit entfachen, dass *der große Zweifel* aus der Identität – zum Schweigen verurteilt – verstummt: *ein Urteil, das uns selbst trifft.*

Wie die Wirklichkeit zeigt, sind die von uns gesetzten Akte nicht ausschließlich aus der Identität oder der Differenz veranlasst, weshalb ihr Vermischt-sein schwierig zu fassen ist. Hier spielt in der Regel Wahres und Unwahres ineinander, was unser konfliktgeladenes Tat-werden konstituiert. Wie könnte unser instrumentelles Bewusstsein daran unbeteiligt sein: gerade es bewerkstelligt das Vermischen, das uns in Uneinsichtigkeit hält. Das tägliche Erfahren belegt überdeutlich auf Schritt und Tritt dieses Vermischt-sein, sei es in uns selbst oder mit den anderen. Jenem Ineinander unterliegt sowohl die handelnde Person selbst als auch ihr soziales Umfeld, denn fast ausnahmslos begegnet uns Vermischtes; eindeutig identität- oder differenz-orientierte Akte sind seltene Erfahrungen. Die Differenzierung zwischen der Identität und der

Differenz verweist auf *zwei Welten*: in ihrer Ausschließlichkeit, bezüglich des Wirkens unserer elementaren Vermögen, ist jene als eindeutig wahr und diese als doppelzüngig zu bezeichnen. Das Vermischte bietet das eigentliche Feld, in dem das Unwahre arglistig seine Saat sät, um uns selbst zu Fall zu bringen und so uns vom Mitsamt zu isolieren. Findet dies nicht bereits in uns – von Geburt an – einen Widerhall?

Deshalb, weil unser Herz vermischt und in seinen Interessen gebunden ist, kann das daraus gefällte Urteil keineswegs davon unabhängig sein. Weil wir dem Ermangeln unseres inneren Wahrnehmens nicht einsichtig sind, kann sich das Unwahre in den Interessen tarnend einmischen und uns blenden. So fahren wir leichthin im Handeln – aus dem Vermischten gesteuert – fort, obwohl wir nicht nur im Akt selbst, sondern vielmehr in dessen Ergebnis das Unwahre vom Wahren unterscheiden könnten. Was uns *das damit Fortfahren* ermöglicht, hat offenkundig seinen Anlass in einer Selbst- oder auch Fremdsuggestion, welche sich in Übereinstimmung mit den Dispositionen für uns bestätigt. Die Suggestion überbildet offensichtlich in uns das Wahre. Allerdings kommt uns sein authentisches Wirken dadurch nicht abhanden, solange die Identität – die in uns gründende Dimension des Überzeitlichen – nicht willentlich negiert wird: sie lässt uns das Schuldhafte an unserem Tun erkennen. Ob wir diese Mahnung annehmen und uns entscheiden, das Leben aus der Wahrheit, ja für sie zu wagen, oder die Entscheidung ignorieren, um uns weiterhin der kollektiven Einfluss-Sphäre auszuhändigen, ist und bleibt hier die Frage.[65]

Dass ein Irrtum für uns zur *Wahrheit* werden kann, ist mit *dem sich-verkehrten Status* der Differenz zur Identität gegeben: jede Erkenntnis unterliegt im Prinzip dieser *Pseudo-Kompetenz*. Das hiermit gegebene, uns täuschende Moment wirkt im Akt des Erkennens und des Entscheidens selbst. Folglich muss der Versuch des *Sich-zurechtfindens* im Mitsamt-dem-All, auch wenn wir danach strebten, scheitern, denn häufig sich tarnend trachtet die ich-gesteuerte Intentionalität, in allem zu herrschen. Ob es ihr gelingt, sich als das Wahre auszugeben, ist für ihre Strategie entscheidend, um uns dadurch irrezuführen.[66] Ferner ist in uns die Neigung, der unvermeidlichen Konfrontation mit dem Wahren und dem Unwahren zu entfliehen, weshalb sich unsere Vermögen, das Leben zu durchblicken und es damit zu wagen, nicht gemäß ihrer Bestimmung entfalten können.[67] Eben dieses Entfliehen legt unser zwanghaftes Verhalten offen, wie wir in widersprüchlicher Weise sowohl am Überzeitlichen als auch am Zeitlichen haften, ja, im Vermischt-sein verweilen. Ist es nicht doch so, dass unser Blick dem unumgänglichen Verantworten des Lebens ausweicht, indem wir der klaren Entscheidung für das Wahre versuchen zu entkommen.

Aufgrund des Unerfüllt-seins keimt in uns existentielle Angst. In ihr signalisiert sich die wahrgenommene innere Verfasstheit, nämlich das Nicht-übereinstimmen mit der Grundordnung des Lebens. Anstatt uns mit diesem Signal zu konfrontieren, um eigen-ständig – mündig – zu werden, suchen wir, bestätigt zu werden, was uns in die Hand des Kollektivs, welches uns Schutz für die Ausflucht verbürgt, fallen lässt. Je offensichtlicher wir durch das ich-gesteuerte Verhalten unsere Freiheit verraten, desto leichter kann uns das Kollektiv kraft seiner Anziehung binden. Diese unfreie Bindung garantiert uns Schein-Frieden, denn das Kollektiv bestätigt unser *Dabei-sein,* deckt sich mit unserem Selbstbewusstsein, befriedigt das Ichhafte und erfüllt, was uns am Herzen liegt. Die hiermit gewonnene Schein-Gewissheit fesselt uns in Angst, sie zu verlieren und macht unfähig, der kollektiv irreführenden Herrschaft uns zu stellen. Deshalb: „Wähnt ihr, um Frieden auf der Erde zu stiften sei ich aufgetreten? Mitnichten, sage ich euch – sondern: Zwietracht".[68] *Zwietracht um der Wahrheit willen!* Mit ihr lässt sich bloß innerweltlich-instrumenteller Frieden nicht in Einklang bringen. Sondern: der Kampf gegen jede Art einer kalkulierten Harmonie ist hier gefordert, um uns aus unserer Fixierung auf das Vergängliche zu entbinden.[b]

Wir haben, wie gesagt, gern Frieden; doch, soweit wir nicht unvermischt auf der Seite der Wahrheit stehen, erkennen wir weder den Urheber des Friedens noch die Wurzel des Unfriedens.[c] Aus diesem Ermangeln können wir *Frieden-haben* mit *Frieden-machen* urteilslos identifizieren. Irregeführt können wir nicht einsehen, dass dabei sowohl unser Begehren als auch der damit einhergehende und sich selbst fortzeugende Handlungszwang mitwirkt; unser in Interessen gebundener Frieden darf nicht infrage gestellt werden. Wer den Frieden aus der Wahrheit vertritt, der ist gegen *den vermeintlichen Frieden*, wer uns in dieser Hinsicht bestätigt, der ist ein *Friedensstifter*: „Ich bin im Namen meines Vaters gekommen, doch ihr nehmt mich nicht an. Wenn ein anderer gekommen wäre in eigenem Namen: den hättet ihr angenommen".[69] Jesus deckt auf und stört *unseren Frieden*. Letztlich geht es darum, uns dem Wort Jesu zu öffnen, denn dadurch erwacht das authentische Urteilsvermögen. Aufgrund dieses Erschließens sind wir in die Pflicht genommen, unausweichlich auf der Seite dessen, was sich im Bemühen um die Verwirklichung der Wahrheit ausdrückt, zu stehen.[70] Solange wir uns *Seiner Wahrheit* nicht öffnen, zeigen sich unsere Vermögen nicht nur nicht authentisch, sondern wir neigen dazu, die Tatsache, dass das letzte Urteil nur dem *Leben-Selbst* – nicht uns – zusteht, zu verkennen: "... Nein, nicht dass ihr das Tollkraut zusammenlest und zugleich mit ihm das Korn ausjätet. Laßt beides zusammen wachsen bis zur Ernte".[71]

Anmerkungen

Anm. a: Ist jene Nahtstelle nicht wie ein Niemandsland, wo es um eine Herrschaft geht? Kann jene Pforte nur aus der Identität auf die Differenz hin geöffnet werden? Auf jeden Fall ist für uns das Licht notwendig, um das Vermischt-sein in unserem Inneren zu schauen. Je schwächer das Licht – aus der Identität, eigentlich aus dem *Leben-Selbst* – wird, desto weniger nehmen wir unser Zerwürfnis wahr.

Anm. b: Wie sieht unser Fixiert-sein aus? Überhebung. Was trägt eigentlich so eine Grundhaltung? Unehrlichkeit. Wir halten unseren faktischen Zustand für wahr und sprechen daher uns die eigene Gerechtigkeit zu. Es ist das in die Lüge gefallene und dadurch gefärbte Herz, das dergestalt wirkt und deshalb sein Ergebnis für wahr halten kann. So finden wir Gefallen an der *Schein-Wahrheit*, die in Wirklichkeit eine Lüge ist. Erst in äußerster Not öffnet sich gelegentlich ein Fester, das uns über das selbst angehäufte Beschränkt-sein hinaus in das Lügenhafte unseres Urteilens hinein schauen lässt. Indem wir einsehen, dass gerecht zu sein dem *Leben-Selbst* allein zugesprochen werden kann, vermögen wir mit dem Kampf gegen das Lügenhafte zu beginnen. Im Kampf selbst stoßen wir in uns auf etwas, das wir als Lüge weder betrachteten noch erkannten. In dieser Phase muss das *Leben-Selbst* uns zu Hilfe kommen, um gegen das typisch verschleierte Wirken der Lüge anzugehen und sie an ihrer Wurzel zu treffen. Denn sie korrespondiert mit unserem gefärbten Herzen und beeinträchtigt die Urteilskraft. Die mahnenden Worte Jesu „Hütet euch vor den Trugpropheten, die in Schafspelzen zu euch kommen, aber inwendig reißende Wölfe sind“,[72] „Seht zu und hütet euch vor dem Sauerteig der Pharisäer …“[73] sind doch auch in diesem Sinn zu verstehen.

Anm. c: Wir wollen dem eindeutigen Unterscheiden möglichst aus dem Weg gehen, denn unser *Nicht-unterscheiden-können* soll nicht offenkundig werden. Ist es aufgrund unserer Interessen doch nicht eigen, sowohl dem Wahren als auch dem Unwahren – zwei Herren – zu dienen.[74] Aus diesem vermischten Herzen schaffen wir *unsere eigene Wahrheit*, die nur relativ – gebaut auf unsere Hinfälligkeit – sein kann. Soweit unser Frieden-haben in Hinfälligkeit gründet, ist zweifelsohne Streit programmiert. Um ihn zu vermeiden, schließen wir Frieden *um … zu*, der in der Tat eine Ursache für weiteren Streit in sich birgt. In aller Mühe widmen wir uns dem Frieden-machen, bis dessen Scheitern zutage tritt; daraufhin wenden wir uns *einer neuen Wahrheit* zu.

Detlef Willand, die Raben-Krähe, die ihr Zuvor im Nun anvisiert.

Nach Hildegard v. Bingen ist „die Raben-Krähe listig und kühn, sie fürchtet den Menschen nicht. Weil sie ihn kennt, raubt sie ihm oft etwas, denn die R-K hat doch die Natur von Räubern und Dieben“. Ihre Intelligenz wird nur von wenigen anderen Vögeln erreicht. Ist sie doch – wie ein Aufseher – mehr über denn mit uns und weiß sicher mehr, als wir ihr zutrauen. Wie könnte sie also mit dem, was sie im Schild führt, auch zurückweichen; wer die R--K mehr als zwanzig Jahre täglich erlebt, weiß wovon er redet.

Weshalb schaut die R-K zurück? Gefasst von einer Art des Nicht-anders-können, muss das, was sie im Schild führt, auch geschehen. Da jedoch hier all das Vorgefallene, das sich mit dem Später vernetzt, zugegen ist, kann sie im Füllen ihrer Zeit keine Ruhe finden. Fragen wir nun, was will der Rückblick der R-K für uns offen legen. Eben weil die R-K zwangsläufig pendelt zwischen dem, was war und dem, was sein soll, bleibt sie in *ihrem Nicht-anders-können* gebunden. Sind auch wir nicht doch vernetzte Pendler, denn Vergangenes und Zukünftiges – dessen Vermischt-sein – bildet sich in unserem Bewusstsein ab, so dass wir in der Regel – mehr oder weniger – darin gefangen bleiben.

Übertragen wir die Art und Weise der R-K – ihr So-sein – mit Verlaub auf uns selbst, dann könnte sich – betreffs des Wirrwarrs unserer innerweltlich zu setzenden Akte – daraus einiges ergeben mit dem Appell, uns selbst auf die Spur zu kommen. Denn wie die R-K die Natur von Räubern und Dieben hat, so dürfte uns dies – schauen wir genauer hin – nicht ganz fremd sein. Die tägliche Orientierung der R-K ist auf Greifbares bezogen, unser menschliches Räubern und Dieben dagegen ist darüber hinaus ausgerichtet, das uns Leben-lassende – es verfügend – in den Griff zu bekommen. Wohl dem Menschen, dessen *Sich-vergreifen am Leben* er nicht missbilligt, sondern seine Konsequenz daraus zieht.

12 Annahme unseres Hier-seins: zu dessen Vollendung

„Denn ich, ich kenne meine Pläne, die ich für euch habe – Spruch des Herrn –, Pläne des Heils und nicht des Unheils; denn ich will euch eine Zukunft und eine Hoffnung geben“.[75] In der Erfahrung von Bedrängnis lässt sich ein uns zugesprochenes Wort des Lebens eher vermitteln, sofern wir uns ernsthaft – zwar aus Not – auf das *Leben-Selbst* hin ausrichten. Ohne Einsicht in das, was uns täuscht, sind die Annahme des Zuspruchs von Hoffnung und so das Abkehren vom Irrtum nicht möglich. Unverfügbar ist die Heilszusage; auch deren Annahme liegt nicht ausschließlich in unseren Händen, die Verweigerung des Zuspruchs aus dem Leben liegt freilich in unserem Verfügen. Das Verweigern der Heilszusage kommt den Gegenkräften gelegen, denn in diesem Fall können sie uns mit dem ihrigen belegen. Dadurch wird die Hoffnung auf das bloß Innerweltliche, das Sichtbare, projiziert: der Zuspruch selbst wird unglaubwürdig. Ferner, weil der Zuspruch, welcher uns zukommen sollte, ausbleibt, wird sein Nicht-zukommen als Urteil wirksam, das wir gegen uns selbst fällen. Übersehen wir nicht, dass eine uns zugesprochene Hoffnung wie: „Das Volk, das im Dunkel lebt, sieht ein helles Licht; über denen, die im Land der Finsternis wohnen, strahlt ein Licht auf „,[76] auch zurückgewiesen werden kann. Ungeachtet dessen ist das *Leben-Selbst* unermüdlich um *unser Heil-werden* besorgt.

Um der Heilszusage willen dürfen wir die Tatsache nicht unterschlagen, dass das Dunkle selbst in seiner Verwerflichkeit durch das aufscheinende Licht zunächst aufgedeckt werden muss. Allerdings, weil das Aufdecken nötigt, uns selbst zu schauen, wollen wir seiner Konsequenz ausweichen. Überdies sind wir versucht, unser derzeitiges Ergehen mit *Begehr nach einem Mehr* in Einklang zu bringen. Dies bedeutet letztlich, dass wir Ausschau halten, wie unser Entschieden-sein für oder gegen das Licht doch vermieden werden kann. Wir dürfen hier nicht übersehen, wenn der Mensch nicht die Kraft hat, sich selbst zu schauen, kann er den Weg der Läuterung – Shugyō: Übung und Verzicht – nicht gehen. *Das Aufgedeckt-werden* ist auf diesem Weg unumgänglich, denn es zielt nämlich darauf hin, das Sich-widersetzen der Differenz zur Identität aufzuheben. Zwar ist von uns aus der Widerspruch nicht aufzulösen, aber der Weg der Läuterung kann und will uns bereiten, das Licht aus dem *Leben-Selbst* aufzunehmen.[a]

Als Mensch sind wir *bivalent* in das Hier-Sein hineingeboren: *Hier* – zeitlich das Konkrete wahr-nehmen, *Sein* – dessen überzeitliche Quellkraft vernehmen.[b] Unsere Akte wahr zu nehmen und zu erkennen ist sowohl in der Intention selbst als auch in der Mannigfaltigkeit des Wahrgenommenen mit einer gewissen Ambivalenz belegt. Zumal der Erkenntnisakt selbst und dessen Bezugsfeld unserem Gestört-sein unterliegen, zeigt sich im Ergebnis eine Dis-konvergenz. Die im Akt vorgefundene gegenseitig-asymmetrische Zuordnung ist *einem fundamentalen Unfrieden unterworfen*, weshalb wir *unser Hier-Sein* weder recht wahrzunehmen noch zu verantworten vermögen. Soll die gestörte Ambivalenz in ihre authentische Ordnung zurückfinden, so muss das Gestört-sein einer unabdingbar existentiellen Läuterung unterworfen werden: ohne solch eine Läuterung bleibt der Mensch mehr oder weniger lebend tot.[77] Es gilt, in der Annahme unseres Hier-Seins zunächst den versteckt wirkenden Widersinn, der die bivalente Ordnung belegt, aufzuspüren. Wie ließen sich sonst die damit gegebenen Fesseln lösen! Der Weg des Sich-läuterns will uns dazu führen, von neuem geboren zu werden. Die Vollendung unseres Hier-Seins gestaltet sich durch das Neugeboren-werden, nämlich den Tod des alten, ich-bezogenen Menschen. Das Einlösen unseres wahren Mensch-seins – *vom Leben-Selbst durchdrungen* – ist das eigentliche Ziel der ZJC-rsl. Sehen wir recht, dann weist die Notwendigkeit der Läuterung für dieses Durchdrungen-werden hin auf das Wort Jesu, das er zu Nikodemus spricht: „Wahr, ja wahr ists, ich sage dir: Wenn einer nicht neu geboren wird, kann er das Königtum Gottes nicht sehen".[78]

Was ist der Mensch ohne *von neuem geboren zu werden*? Er ist in sich selbst gefangen und deshalb befangen, so dass die Wahrheit nicht erkannt, ja sogar abgelehnt wird: „Es gibt eine Tiefe der menschlichen Unfreiheit, der menschlichen Armut, der menschlichen Unwissenheit, die das gnädige Kommen Christi hindert".[79] Um anfänglich das Entkommen aus dem *Ist-zustand* einzuleiten, ist ein initiatorischer Akt, der das innere Verlangen weckt, notwendig; dieses Verlangen, das von Mensch zu Mensch auf je verschiedene Weise erwacht, kann selbst auch aus begangenen Irrtümern veranlasst sein. Der hier entstehende Antagonismus – der Ist-zustand und das Sein-sollen – fordert zur Entscheidung, entweder das Ersehnte zu erlangen oder aber dem Ist-zustand, der dem Neuen – dem noch Unbekannten – widerstreitet, erneut zu verfallen. Entscheiden wir uns für das Sein-sollen, um uns von den verkehrten Bindungen zu lösen, dann müssen wir unser ganzes Vertrauen auf das durch die Initiation Erfahrene setzen, denn sonst können wir den harten Weg, gereinigt zu werden, nicht gehen. Dafür ist es unumgänglich, *das Saatbeet der Seele zu jäten und zu harken*, damit sie für das *Leben-Selbst* empfänglich wird.[c] Der Weg der Selbst-Entäußerung will uns dazu führen, uns letztlich von allem, was uns an die Welt bindet, zu befreien: denn es geht um unser *Neu-geboren-werden*.

Die Geburt, von der hier die Rede ist, bezieht sich folglich nicht primär auf das Feld dispositionaler Störungen, die zuvor aufgelöst werden müssen, sondern vielmehr auf die Dimension des Über-zeitlichen in uns. Geht es hier im eigentlichen Sinn nicht darum, dass wir das Äußerste des in der Identität gründenden Lebens – die Einheit – wahrnehmen? Zugleich muss sich in uns aber auch das Äußerste vom Nicht-Identischen – das Zerwürfnis – erschließen. Ist uns diese Spannweite nicht stets gegenwärtig, leben wir keineswegs im Hier-Sein. Solch ein extensives Wahrnehmen unseres Hier-Seins nicht einzulösen, heißt, dass wir – entfernt vom

Licht – d*er Schlange* den Spielraum geben, uns einseitig einer fixiert illusionären Existenz-weise anzupassen: am Eigentlichen leben wir vorbei.

Offenbar geht es um das von uns zu lichtende Ereignis-Feld in der Zeitspanne zwischen der Abkunft und Ankunft unseres *Hier-seins*. In dessen Akt-Feld gewinnt überwiegend das Gestört-sein der Differenz über die Identität die Oberhand; dies zu sehen ist für uns unerlässlich. Die Ursache hierfür ist ein Sich-widersetzen, von dem sowohl unsere Abkunft als auch unsere Ankunft nicht ausgenommen sind. Da es sich hier um ein von uns nicht unmittelbar Anzugehendes handelt, kann es den Anschein erwecken, das Einholen des von uns geforderten Neu-geboren-werdens sei nicht möglich. Das durchgängig antagonistisch vorfindliche Ereignis-Feld, dessen äußerst schwierige Entstörung anzugehen ist, erfordert deshalb von uns alle zur Verfügung stehenden Kräfte. Jedoch, ohne einen initiatorischen Akt, der die Identität trifft, kann diese Geburt in uns nicht geschehen! Wir dürfen dabei auch nicht übersehen, dass es sich nicht nur um Materie-belegtes handelt, sondern vielmehr um Nicht-materie-belegtes, das den Prozess eines Sich-lichtens einerseits noch erschwert, andererseits uns gerade dadurch die Möglichkeit gegeben ist, des hier geforderten extensiven Wahrnehmens gerecht zu werden.

Gelingt es allmählich durch Übung und Verzicht, uns von der Saat, die von der dem Leben sich widersetzenden Kraft gesät wurde, zu reinigen, dann wird der Sinn der Vollendung unseres Hier-Seins unverkennbar. Jedoch, uns selbst solch ein Fähig-werden, das uns das *Leben-Selbst* verleiht, zuzuschreiben, blendet unseren Blick für das hier Not-wendende: das Erkennen seiner selbst.[d] Aufgrund eines derartigen Sich-anmaßens bleiben nicht nur die Früchte aus, sondern wir geraten in Gefahr, dem das Leben Zerstörenden zu dienen, was in unseren Tagen als ein gängiger Habitus – sich selbst rechtfertigend – agiert: „Es gibt ein Maß der Verstrickung in die Lüge, in die Schuld, in das eigene Werk, in die Selbstliebe, das das Kommen der Gnade besonders schwer macht".[80] Die uns irreleitenden Einflüsse vermehren in uns die Dispositionen, welche die lichtende – weg-weisende – Kraft der Identität verstellen: allein sie vermag uns das Akt-Feld zwischen Abkunft und Ankunft sinn-deutend auszulegen. Der Lebensquell – das *Leben-Selbst* – ist unsere Abkunft, aus ihm schöpfen wir im Hier unser Wahr-nehmen. Die Quellkraft aus der Akt-Dynamik – *ins Im-geeint* mit der ganzen Schöpfung – fließt in unser Hier-Sein. Dessen Ziel – unsere Ankunft – ist: h*eimzufinden in das Leben-Selbst*. Denn: „... aller Geschöpfe Lauf und vor allem der vernünftigen Geschöpfe Ziel und Ende ist die Heilige Dreifaltigkeit, denn sie ist so recht ein Beginn und ein Ende".[81] Die trinitarische Akt-Dynamik lässt sich für uns nur analog versinnbildlicht fassen, nicht aber in ihrer Unwiderlegbarkeit.

Heil-zu-werden ist, insoweit wir auf unser Unwissen – die Finsternis im Erkennen – aufmerksam werden, von uns auszuloten. Ohne dass wir uns dessen bewusst werden, können wir das Heil-werden in seiner eigentlichen Fülle nicht erfahren.[82] Wie sollte sonst das Maß der heilenden Kraft, welche die Finsternis – unser Erblindet-sein – übersteigt, in uns wirksam werden: indem wir das in uns verborgene Zweifelhaft-dunkle *im Licht der Identität* entbergen und so das ganze Ausmaß dessen, was unser Leben steuert und verfälscht, schauen. Aufgrund dieser Erfahrung lässt sich die Verkehrung im Akt-Feld zwischen Abkunft und Ankunft korrigieren, so dass der Ursprung unseres Lebens ins Blickfeld rückt: wir lernen, was uns primär zu sein scheint, ist sekundär. Das Eingestehen unseres Verirrt-seins, dass wir das Lebensgesetz – *seinen Einklang mit dem All-samt in unserem Hier-Sein* – missachteten, erweckt in uns ein Sich-sehnen danach, *den sich selbst unredlich einschätzenden Anspruch zu verwerfen*. Die für uns offene Frage ist und bleibt hier: sind wir nun bereit, das Zuvor – unsere Missetaten – einzulösen, und zwar im *Mit-leiden*, oder soll doch alles beim alten bleiben! Zweifelsohne ist *dem Sich-überheben*, das die heilende Kraft abweist, von uns entschieden zu widersagen, so dass sie das, was heil werden soll, durchdringen kann. Von seinem eigentlichen *Ort im Ganzen* aus ist der Mensch wirklich fähig, das ihm zugesprochene Heil zu erkennen und in aufrichtiger Selbstlosigkeit zu empfangen: wie ließe sich das wahre Neu-geboren-werden sonst auch erfahren.[e]

Unsere Lebens-Zeit, nämlich deren Erfüllt-werden, ist letztlich nicht zu trennen von ihrem Verwiesen-sein auf das *Leben-Selbst;* das Unwandelbare zurückzuweisen, würde wohl bedeuten, sich selbst das Leben abzusprechen. Empfindsam dafür ist der in uns grundgelegte Impuls, welcher uns im Zeit-sein bereiten will für das Über-die-Zeit-hinaus. Sein intentionales Orientiert-sein zielt darauf hin, dass unser Leben seinen in ihm gründenden – alles rechtfertigenden – Willen getreu einlöse. Das uns hiermit Aufgetragene, dessen Verantworten ein Entkommen nicht erlaubt ist, gilt sowohl für die von uns zu setzenden Akte als auch für ihre Summe, um sie für den Rechts-Spruch offen zu legen. Das not-wendende, aus unserem Verwiesen-sein nicht ausbleibende Urteil, tritt dem entgegen, was das Leben bedrängt, schädigt oder sogar zerstört.[83] Auch infolge des Ab-erkennens jener Heilszusage, indem der Mensch am *Autark-sein, das er sich selbst vermacht,* festhält, trifft ihn dieses Urteil.[84]

Ein relativ unbewusster, doch nicht zu übersehender Drang im Menschen ist, seinen Identitäts-Mangel zu befrieden. Die intentionalen Impulse unterliegen weitgehend dem Begehren, das sie steuert. Ohne dass jedoch hierfür ihr Moment, welches das Begehren verursacht, sich lichtet, kann das Resultat mit der Intention, die es bewirkt, nicht nur divergieren, sondern sich sogar ihr entgegen gesetzt erweisen. Sofern wir die Impulse, seien sie differenz- oder identitäts-orientiert, die unsere Intentionen steuern, nicht zu unterscheiden lernen, bleiben wir diesbezüglich in einem nebelumhüllten Dickicht stecken. Ausgesetzt in zwei Welten steht es unserem Wollen zur Wahl: entweder gesteuert zu sein *aus dem ich-haft Instrumentellen,* oder es gründet im Lebens-Impuls selbst. *Das Au-*

tark-sein-wollen beweist, wie tief die Menschheit gefallen ist; trotz der Angst vor dem Tod, trotz des Unfriedens im Herzen, trotz des inneren Hilfe-Schreis, angenommen zu sein, suchen wir unser Erlöst-werden menschlich machbar zu bewältigen, anstatt uns auf das *Leben-Selbst* auszurichten. Bedeutet dies nicht, für das Böse Tür und Tor zu öffnen, durch die es einschleicht und sein Ei – mit Stolz gefüllt – legt, um seinen lügenhaften Anspruch von Wahrheit zu brüten? Hier liegt der Grund, weshalb wir das Unwahre, den uns täuschenden Wahrheitsanspruch, für wahr halten. Von dieser Raffinesse kann uns nur das restlose Vertrauen auf das *Leben-Selbst* befreien. Solange wir *den Fall im Garten Eden* als die nicht zu verleugnende Realität nicht akzeptieren, muss unser Herz von Mumyō (無明) beherrscht bleiben; daher beruht unser Tun und Lassen auf einem Überzeugt-sein, das in der Ich-Sucht seine Wurzeln hat.

In äußerster Not ist die Chance gegeben, dass ein das Leben bejahendes, auf das *Leben-Selbst* hin öffnendes Wort aus der Identität aufsteigt: Hoffnung, die Abschied nehmen lässt vom Haften an der Welt. Glaube, der das Böse besiegt, und Liebe, die vom Eigen-Willen befreit: „Alle aber, die auf den Herrn hoffen, schöpfen neue Kraft, sie bekommen Flügel wie Adler“.[85]

Anmerkungen

Anm. a: Wie die Finsternis ohne Licht sich selbst als Finsternis nicht einsichtig werden kann, so kann unser instrumentelles – differenz-orientiertes – Bewusstsein aus sich selbst seinen Irrtum nicht erkennen. Zumal es das Gesehene ist, welches selbst nicht das authentisch Sehende sein kann, ist ihm nicht eigen, sein wahres Gesicht zu schauen.

Anm. b: „Der Ernst des christlichen Lebens liegt allein im Letzten, aber auch das Vorletzte hat seinen Ernst, der freilich gerade darin besteht, das Vorletzte niemals mit dem Letzten zu verwechseln, das Vorletzte gegenüber dem Letzten für Scherz zu halten, damit das Letzte und das Vorletzte seinen Ernst behält“.[86]

Anm. c: Dieser Weg kann zwar in unserem Erdenleben begonnen werden, vollendet aber erst durch Gottes Gerechtigkeit. Zur vierten vollkommenen Stufe des geistlichen Lebens sagt der Autor der Wolke des Nichtwissens: „[Mit dieser Stufe] kann man zwar durch Gnade hienieden beginnen, aber sie wird nie enden, sondern ewig währen in der Wonne des Himmels“.[87] Übersehen wir hier nicht, dass die von uns gesetzten Akte über den Tod hinaus – *weil ihre Handlungs-Intentionen weiter fließen* – sich selbst fort zeugen. Das Sich-lichten der Differenz von allem Dunklen, *ihr Sich-selbst-genommen-werden*, ist nicht zu trennen von der vom *Leben-Selbst* durchdrungenen Identität. Letztlich ist die Kern-$_F$ ursächlich darauf verwiesen, sich selbst zurückzugeben, was sie *nach ihrer Wiedereinsetzung durch Gottes Anteil-nahme* vollendet: „Wo die Kreatur endet, da beginnt Gott zu sein. Nun begehrt Gott nichts mehr von dir, als daß du aus dir selbst ausgehest deiner kreatürlichen Seinsweise nach und Gott in dir sein läßt. ... Geh völlig aus dir selbst heraus um Gottes willen, so geht Gott völlig aus sich selbst heraus um deinetwillen. Wenn diese beiden herausgehen, so ist das, was da bleibt, ein einfaltiges Eins. In diesem Einen gebiert der Vater seinen Sohn im innersten Quell. Dort blüht der Heilige Geist, und dort entspringt in Gott ein Wille, der gehört der Seele zu“.[88]

Wie der Mensch *völlig aus sich selbst heraus gehen* soll, zeigt uns Jesus, indem er sich dem Willen des Vaters gänzlich unterwirft. Ohne Jesu Hinab- und Hinaufsteigen kann uns die wahre Bedeutung der neuen Geburt nicht aufgeschlossen werden. Daraufhin öffnet folgende Aussage von Eckehart unseren Blick: „Es gibt zweierlei Geburt der Menschen: eine in die Welt und eine aus der Welt, will sagen: geistig in Gott hinein“.[89] In dieser zweiten Geburt will sich für uns die Heilszusage ereignen.

Anm. d: „Außer der groben äußeren Nichtübereinstimmung gibt es noch das Bewusstsein einer inneren, edleren, lautereren Nichtübereinstimmung, und sie entsteht aus der ersteren ... Je klarer, unverhüllter, unverhohlener, die innere Nichtübereinstimmung von Gott und Mensch erkannt wird, um so angemessener und innerlicher wird die Übereinstimmung der Seele mit Gott sein".[90]

Anm. e: Wird das uns Anvertraute mental, imaginativ oder emotional gefasst und demzufolge instrumentell verfügt, so wandelt sich Wahres aus der Heils-Zusage in Illusionäres. In seiner daraus folgenden Konsequenz sind auch dessen Früchte unverkennbar illusionär durchtränkt. Dadurch erweitert sich das Wirk-Feld für die Finsternis in uns: „Ich, der Herr, erforsche das Herz und prüfe die Nieren, um jedem zu vergelten, wie es sein Verhalten verdient, entsprechend der Frucht seiner Taten."[91]

13 Eigen-Wille: der sich – an sich selbst – fesselnde Wille

«Wahr, ja wahr ists, ich sage euch: Ihr sucht mich nicht, weil ihr Zeichen gesehen, sondern weil ihr von den Broten gegessen und satt geworden seid».[92] Solange wir uns selbst nicht schauen und nicht bereit sind, umzukehren, können wir unserem Gefängnis – sprich dem Eigen-Willen –, in dem wir hausen, nicht entkommen. Das, was uns aus dem Leben zukommt, suchen wir dem eigenen Wollen zu unterwerfen und zu verfügen, um unseren Hunger und Durst – unseren Identitäts-Mangel – zu stillen. Jenes Zeichen, das wir zurückweisen, verbirgt sich uns im unser Leben Erhaltenden. Infolge dieser uns selbst täuschenden Grundhaltung wird das von uns für einen Gewinn Gehaltene in Wirklichkeit zu einem Verlust. Das Ich-gesteuert-sein suggeriert uns, auf diese verkehrte Art und Weise unser Leben zu erfüllen: die Intention, das in uns eingeschriebene Lebens-Gesetz zu umgehen, ist anonym am Werk. Wir tun uns selbst Gewalt an im Bestreben, das von uns zu Recht gelegte und eingeübte Verständnis des Lebens zu verteidigen, anstatt es zu überschreiten. Unser *Eigen-sein* – gepaart mit dem Verfügen-wollen von allem – mündet darin, den anderen zu beherrschen. Dadurch wird das Leben in dessen *Anders-sein* zu bejahen vereitelt: es geht so weit, nicht „*wie Du willst*". Der Durst nach dem *Wie-ich-will*, das uns – aus uns selbst – zu tragen scheint, nötigt, das Leben im Griff zu haben, was nichts anderes ist, als an uns selbst *verknechtet* ausgeliefert zu sein. Um *das Ich-will* zu überschreiten, ja von dessen Eigen-sein und Sich-behaupten loszukommen, ist unser erneut belebtes Verwiesen-sein auf das *Leben-Selbst* notwendig.

„Solange der Wille unberührt steht von allen Kreaturen und von aller Geschaffenheit, ist der Wille frei".[93] Dieser unberührte – *der Identität zugehörige* – Wille kann nur auf dem *wie Du willst* gründen. Er ist schwer zu erwecken, denn das von

Anbeginn stattfindende Sich-einmischen unseres Wollens verdunkelt den in uns grundgelegten Lebens-Impuls.[94] Verübt durch *das Zuwider im Garten Eden gegen das allein dem Schöpfer Gebührende*, wurzelt der anmaßende Hochmut des Ich-Willens darin, *die Identität zu Eigen zu machen*; übersehen wir hier nicht, jede Intention trifft immer das Allsamt, in das wir gesetzt sind. Dadurch, dass der das Leben verdinglichende Wille, dessen Begehren in die Irre geht, alles sich unterwirft, unterwirft er sich selbst dem von ihm Unterworfenen. „Alle Dinge sind geschaffen aus nichts; darum ist ihr wahrer Ursprung das Nichts, und soweit sich dieser edle Wille den Kreaturen zuneigt, verfließt er mit den Kreaturen in ihr Nichts".[95] Der den Kreaturen zugeneigte Wille nimmt seinen Anfang im Eigen-Willen, *wie ich will*.[a] Demzufolge erlischt *jenes identische Zugehörig-sein*: sollte der Wille aber sich kehren, so endete er nicht im Tod. Durch den mit der Kreatur verfließenden Willen offenbart sich ein dreifacher Widersinn, ein Verderb für ihn: zur Kreatur, zu sich selbst und so zum *Leben-Selbst*.

Der Eigen-Wille reißt die Vermögen, die – um das Leben zu bestehen – in uns eingestiftet sind, an sich und macht sie sich dienstbar, indem er sie je nach seinen Interessen verdinglicht: dies ist die Abkehr vom Willen dessen, der den Atem schenkt. Das Wirken im Hinblick auf die von uns verweigerte Verantwortung verwirft den Vollzug der Lebens-Ordnung.[96] Wie die Erfahrung zeigt, kann unser irrtümlich lügenhaftes Werk nicht bestehen, sein Verrat demaskiert sich selbst. Letztlich fällt es auf uns selbst zurück: «Aber dieses Volk hat einen trotzigen und widerspenstigen Sinn. Sie sind abgefallen: das bringen sie fertig!».[97] Alles zu wissen, alles zu verstehen, alles zu begreifen ist im Nicht-annehmen-können zugegen, das im Grunde darauf zielt, selbst Herr zu sein. Hinter diesem Begehren versteckt sich die Absicht nach Anerkennung, etwas zu sein, wodurch wir den weltlichen Kräften *ver-fallen*, ja tiefer in die Finsternis – in Mumyō – hinein. Allem Geschaffenen ist ein realer Impuls, *da zu sein*, eigen. Diesem schöpferischen Willen entfremdet sich der Mensch, indem er seinen

Eigen-Willen erweckt, ja durchsetzt. Er fasst nun sein Hiersein als ein Frei-sein von allen Zwängen auf. Sein Entfremdet-sein einzusehen ist ihm weitgehend verwehrt, so dass das Hinein-springen in den schöpferischen Quell-Grund, um sein Verirrt-sein aufzuheben, ihm kaum möglich sein dürfte. Erst durch das Sich-beugen des Ich-Willens unter *das Leben-Selbst* lässt sich das wahre Befreit-werden einlösen.

Für den Eigen-Willen, welcher der Identität entgegen wirkt, ist charakteristisch, dass seine Selbst-Setzung mit Selbst-Bestätigung einhergeht.[b] In analoger Weise, wie sich das *Leben-Selbst* – in und aus sich – unaufhörlich bezeugt, überträgt der Eigen-Wille eine ihn suggestiv bestätigende, ja rechtfertigende Kraft auf die Objekte, die er sich fortwährend schafft. Er verfängt sich in seiner Selbst-Projektion: wenn sich das Ich in sich selbst spiegelt, verfällt es dem Haften am Anhaften selbst. Der im wahrsten Sinn freie Wille dagegen sucht keinerlei Selbst-Bestätigung: „... weil ich nicht meinen Willen suche, sondern den Willen dessen, der mich ausgeschickt hat".[98]

„Das Alleredelste und Lustvollste, das in allen Kreaturen ist, das ist Erkenntnis oder Vernunft und Wille, und diese beiden gehören zusammen: wo das eine ist, da ist auch das andere".[99] [Die Stelle im Zitat *in allen Kreaturen* ist im Kontext nur auf die menschliche Spezis bezogen zu lesen]. In uns ist aber ein zwiefacher Wille zu finden: der Wille aus der Identität und der Eigen-Wille. Jener stimmt mit der Grundordnung des Lebens überein, dieser opponiert und erlaubt sich aus *Zuneigung zur Kreatur* die Selbst-setzung; ein Geschehen wie im Fall des Gartens Eden. Der hier verursachte, tief wirkende Eingriff in die Ordnung der Schöpfung beansprucht ebenfalls *Erkenntnis oder Vernunft und Wille,* jedoch ohne klar zu sehen, dass ihnen das authentisch Schöpferische nicht mehr zukommt. Deshalb kann das Zerstörerische sein intentionales Gestimmt-sein aktualisieren, ja sogar rechtfertigen. Dies verhindert, uns selbst recht zu erkennen. Jedoch, das Sich-selbst-erkennen allein ließe uns unseres Verwiesen-seins auf das *Leben-Selbst* bewusst werden und daraus handeln.[100]

Der Wille, der aus seinem Überein-stimmen mit dem Grund ausfließt, wandelt sich in den Eigen-Willen. In der Kluft, die aus diesem Zerwürfnis entsteht, nistet *das Zu-beherrschen*, das den Anspruch erhebt, *die Lebens-Kraft* zu missbrauchen, um sie zugrunde zu richten: *das Zu-zerstören* ist in seinem Tatwerden immer gekoppelt mit seinem Gefährt, dem Eigen-Willen. In dem Maße, wie unser Urteil von dem gefallenen Willen nicht frei ist, zieht es Schädigung nach sich, während der nicht gefallene Wille die Anteilnahme, die ihm aus dem *Leben-Selbst* zufließt, mit sich führt. Soll sich die Wende vollziehen, nämlich *mit* zu *leiden*, ist das Sich-selbst-erkennen die dafür notwendig zu öffnende Tür, da erst dann das Verhältnis dessen, was schädigt, zu dem, was geschädigt wird, in den Blick kommen kann. Der gefallene Wille, der sich mit dem, was Schaden stiftet, verknüpft, ist von diesem zu entflechten. Dank des aus dem Geschädigt-sein befreiten Erkennens wird dem Willen bewusst,[c] dass er selbst die entstandene Kluft schließen muss, erst das ermöglicht ihm, in seinen Grund zurück zu fließen. Seine Kehre, wofür ihm die Vermögen gegeben sind, erfordert, dass er seinem Sich-selbst-wollen absterben will: „... denn dem Willen gehört es zu und ist es eigen, dass er wollen muss".[101]

Versessen auf Anerkennung zu sein, davon muss er sich scheiden: weder sich selbst zu bestätigen, noch bestätigt werden zu wollen. In den nun zu gehenden Weg, ausgerichtet auf das *Leben-Selbst* hin, der ihm zuvor durch sein ich-gesteuertes Wollen verstellt war, muss er – *kraft des Sich-selbst-setzens* – einwilligen, was nichts anderes ist, als sich von den ihn bestätigenden Objekten zu trennen. Je tiefer der gefallene Wille die Wirkweise der gegen das Leben streitenden Kraft erkennt, desto freier wird er von ihr. Je mehr das Verworrene sich lichtet, desto klarer findet er in den ursprünglich nicht gefallenen Willen zurück. Einzig dieser Akt selbst, wie paradox er auch scheinen mag, kennzeichnet den mit Shugyō offerierten Weg.

Anmerkungen

Anm. a: „Wir müssen erst einmal ganz verlernen, *Ich will* zu sagen, ehe der Heilige Geist uns lehrt, es neu und richtig zu sagen. Das *Ich will* kann gerade in Sachen der Frömmigkeit das größte Unheil anrichten. *Ich will fromm sein, ich will heilig sein, ich will die Gebote halten* – wir müssen erst einmal von Grund auf verstanden haben, dass auch in diesen Dingen nicht unser Wille, sondern allein Gottes Wille gilt. Sonst folgt unserem *Ich will* ganz gewiss der Bankrott. Wenn wir aber durch Gottes Gnade aufgehört haben, *Ich will* zu sagen, wenn wir durch Gottes neuen Anfang mit uns in Jesus Christus auf seinen Weg gebracht worden sind – all unseren *Ich will* und *Ich will nicht* zum Trotz –, dann fängt der Heilige Geist selbst an, in uns zu sprechen, und wir sagen ganz neu und ganz anders als bisher: *Ich will.*"[102]

Unser Leben, das in seinem natürlichen Verlauf in Raum und Zeit in ein analoges Ereignis-Feld eingebettet ist, zeigt: *wir leben, indem das, was lebt, sich uns gibt*; steht der Mensch gegen diese innerste Ordnung allen Lebens, so steht er gegen sich selbst. Verzehren wir bewusst die empfangene Nahrung, so dient sie nicht nur dazu, unser Leben zu erhalten, sondern sie wird zum Zeichen, das hinweist auf die in ihr gründende Kraft: *die im Heilsplan allen Lebens beschlossene Hingabe des einen für ein anderes*, sei es die Natur, sei es der Mensch oder der Himmel selbst. Uns dessen bewusst zu werden ist vom Sich-entscheiden, dem Eigen-Willen nicht länger zu frönen, nicht zu trennen. Die im Allsamt verborgen wirkende Lebens-Kraft drängt uns, auf sie – letztlich auf das *Leben-Selbst* – hin uns zu öffnen, in dessen freier Hingabe alles, was sich je geben könnte, umfasst, ja überstiegen ist.

Aus den Erwartungs-Haltungen, die in uns situationsbedingt aufsteigen, erhält der Mensch Hinweise, in denen deutlich wird, dass er sich in seinem Anruf zwar auf die Seite des Lebens stellt, aber das zu erwartende Ergebnis doch unter dem versteckten Einfluss seines eigenen Wollens vorwegnimmt. Das Verhalten des Propheten Jona kann uns hierfür die Augen öffnen: „... Da reute Gott das Unheil, das er ihnen angedroht hatte, und er führte die Drohung nicht aus. Das missfiel Jona ganz und gar, und er wurde zornig".[103] Weil Jona überzeugt ist, er sei im Recht, fühlt er sich in seinem Gerechtigkeits-Empfinden verletzt und zürnt. Im Fall, dass sich das erwartete Ereignis aus der Annahme des Auftrags wie hier nicht vollzieht, wird die unbarmherzige Gerechtigkeit aufgedeckt. Unter anderem drückt sich das angebliche Gerecht-sein nicht nur in Schaden-Freude,[104] sondern oft in Neid aus;[105] all dies steht der Nachsicht übenden Barmherzigkeit Gottes entgegen.[106] Demjenigen, der sich für rechtschaffen hält, fällt es schwer, das barmherzige Walten Gottes *ohne Warum* anzunehmen. Religiöse Ansprüche aller Konvenienz können sich besonders im gefallenen Willen, der zum nicht gefallenen Willen sich kehren muss, gut verbergen. Geschieht das notwendende Sich-kehren nicht, dann verfällt derartiges Wollen dem

Mentalen, Imaginativen und Emotionalen: ausgesetzt seinem Sich-verinstrumentalisieren. Dadurch erhält das Böse ein gut getarntes Medium, um sein lügenhaftes Treiben zu bewahrheiten.

Anm. b: Für den Eigen-Willen ist es unverkennbar, dass er in all seinem Wollen sich selbst verwirklichen will. Das dadurch ausgelöste, innere Verunsichern drängt, die Umsetzung seiner Absichten in veräußerlichtem Werk zu sichern. Dass er – weil unfrei – sich demzufolge selbst an sich selbst bindet, bleibt ihm verborgen. Denn wirklich frei und gerecht ist ein Werk, welches das *Leben-Selbst* erschafft und erhält, nicht wir! Wie schwierig unser Wollen – trotz seiner ungerechten Hinterlassenschaft – zu erkennen ist, zeigt sich darin, dass es den sich selbst täuschenden Anschein gibt, als wären wir vom Eigen-Willen frei, als stünde unser Tun in Einklang mit dem, was uns wirklich erhält.

Anm. c: Da sich das Ergebnis des Handelns aus dem Eigen-Willen vor allem in den Vermögen unseres Erkennens niederschlägt, kann diesem die Einsicht in das widersetzliche Verhalten verstellt bleiben. Der sich verirrte Wille vermisst seine wahre Heimat, nämlich das Identische, deshalb sucht er ein Surrogat. Weil dies ihm seinen Identitätsmangel auszugleichen scheint, blendet es ihn, so dass er das unerlässliche Korrektiv nicht wahrnimmt. Das ichbezogene Wollen, dessen Widersinn zwar erfahren wird, ist aber durch sich selbst blockiert: wie könnte es seine Fesseln lösen! Dagegen bahnt sich in den wachgerufenen Grund-Kräften des nicht gefallenen Willens ein Weg, der das verstellte Erkennen *von seinem es verdunkelnden Niederschlag* befreit. Erst dadurch kann sich der verirrte Wille einsichtig werden, so dass sein Tun und Lassen sich im Zunichte-werden wandle.

Dass wir *die Einfluss-nahme des Eigen-Willens*, dessen intentionaler Impuls differenz-orientiert aktiv ist, kaum begreifen, hängt mit unserem Unwissen – 無明 (Mumyō) – zusammen. Unwissen ist die Finsternis in unserem Erkennen, das nichts unverhüllt erfassen kann, weil ihm das Licht verstellt ist. Deshalb können wir *das Mit-geteilte aus dem Licht* vom natürlichen Licht – dem selbst eingebildeten Erkennen – nicht nur nicht unterscheiden, sondern *jenes* aus Unwissen für das eigene Wissen halten, wodurch das Empfangene den Empfangenden verdirbt: „Was sie [die Jünger] von Jesus empfangen haben, ist kein eigener Besitz, mit dem sie andere Güter einhandeln könnten. *Umsonst habt ihr es empfangen.* ...Alles, was an Ehrung auf uns fallen soll, rauben wir dem, dem es in Wahrheit gehört, dem Herrn, der uns gesandt hat".[107] Alles, was uns ohne weiteres recht und gerecht zu sein scheint, steht im Licht gesehen doch *in einem anderen Licht*. Da es dem Eigen-Willen gelingt, mithilfe des instrumentellen Bewusstseins sich zu rechtfertigen, kann er seinen Anspruch durch und durch für richtig halten. Deshalb sehen wir und beurteilen alles aus unserer *Sichtweite*, und wissen nicht, wie sehr unser Erkennen verdunkelt ist. Mt 16,13-23 verdeutlicht uns, wie Petrus – in diese Falle gelockt – stolpert und die Aussage Jesu seinem eigenen Wollen unterwirft und Ihn zurechtweist. Er will aus seiner Sicht das, was vor Jesus steht, verneinen. Er erkennt darin nicht den Willen dessen, der das Heil des Ganzen im Blick hat. Befangen in sich selbst, sieht er nicht, dass für das Heil-werden das Leiden, für die Umkehr das Opfer erforderlich ist.

14 Erwachen: vom Natürlichen zur übernatürlichen Wurzel unseres Seins

„Es nahten sich ihm aber all die Zöllner und die Sünder, um ihn zu hören".[108] Ist es nicht der aus der Erfahrung von Weglosigkeit erweckte innere Antrieb, der die Menschen auf das hin, was sie sein sollen, aufbrechen lässt? In Jesus spiegelt sich für sie zunächst die ihnen zweifach verborgene Ursache: weswegen sie so geworden sind, aber auch ihr Beschirmt-sein auf dem zurückgelegten Weg; trotz allem müssen sie in seiner Anwesenheit ihr leidendes Befinden erkannt haben. Obwohl ihnen das Woraufhin zunächst verborgen bleibt, ist das *Leben-Selbst* für sie doch ahnungshaft zugegen. Allerdings ist auf diesem Weg nicht nur die Stimme zum Aufbruch zu vernehmen, sondern es sind auch in ihnen die widerstreitenden Kräfte, die lauern, um ihr Leben erneut zu verwirren und so in Unfreiheit zu binden.

Unser Gesetzt-sein in Vergänglichkeit verlangt in zweifacher Hinsicht das Wahrnehmen des weitgehend in uns Verborgenen: im Vergänglich-sein muss dessen gegebenes Geheiß sich für uns gegenwärtig setzen. Das Aufbrechen strebt nicht nach dem Hier- oder Dort-sein, sondern nach dem Erwachen zur Wirklichkeit unseres Lebens. Auf diesem Weg muss der Eifer entflammt werden, um von *dem uns flüchtig Um-gebenden* Abschied zu nehmen. Sonst fehlt es uns allenfalls an einem Kriterium für das zu treffende Urteil, worauf wir unser Aufbrechen setzen sollen und worauf nicht. *Der Stachel des Antriebs*, der uns aufbrechen lässt, darf nicht erstickt werden. Denn uns soll dies zur Annahme dessen, was unsere Augen zunächst für das Vergängliche und erst so für das Unvergängliche öffnen will, führen.[a] Daraufhin wird für uns die Zielrichtung deutlich: das lügenhafte, ihr widerstreitende Angebot wird aufdeckt und als Irrtum abgewiesen.

Der Weg vom Veräußerlichten zum Kern der Schale ist eine Konfrontation mit sich selbst: das ein Leben Bewahrende gegen das es Veruntreuende; Eigentliches, ja Unwiderlegbares zeigt sich hier. Um keinerlei Fixierungen aufzusitzen, weder diesem noch jenem zu verfallen, ist es unerlässlich, dass wir uns dem Konfrontiert-sein aussetzen und mit stetiger Achtsamkeit verharren. Wir stellen uns den sich mitteilenden Tatsachen, weder sie zu verdrängen noch ihnen auszuweichen, auch wenn dies uns unannehmbar zu sein scheint; denn sonst werden wir der Versuchung erliegen, anstatt ihr zu entfliehen.

Um der Gewöhnung an das Entstellte, unserem Geblendetsein, zu entkommen, muss das, was sich auf diesem Weg als Widerspruch zeigt, von Grund auf erschüttert werden bis zu dem Punkt, wo jeglichem sich neu einschleichenden Entstellen der Boden entzogen wird. Erst dann gelangen wir dazu, uns dem Prozess des inneren Antriebs zu überlassen. Was zuvor sicher schien, wird vielfach brüchig und als Bodenlosigkeit erfahren: das Unbekannte, das uns in Wahrheit trägt, ist vor der Tür und klopft.[109] Der riskierte Sprung über die Klippe lässt den tragenden Grund unseres Lebens – sein So-sein und doch sein Anders-sein –, was zuvor verstellt war, in den Blick kommen.

Der hier geforderte und zu riskierende Sprung kann gelingen, wenn vor allem das, was uns trotz der je spezifischen Krisen leben ließ, uns gegenwärtig ist, und zwar als Bestandteil des Erwachens selbst. Allerdings, falls wir an das, was unser Leben bisher ermöglichte und gelingen ließ, haften, blockiert dies den Weg; es erstarrt aus dem Anspruch seiner Verdinglichung. Dem Zirkel des in sich selbst gekrümmten Ich-haften zu entkommen, ist über längere Zeit die von uns geforderte Übung. Das bedeutet nicht nur, dass die weitere Anhäufung und Verdichtung dessen, was bindet, unterbrochen wird, sondern erst seine Auflösung vollzieht den Sprung. Kommt diese Gegebenheit nicht in den Blick, bleiben wir gebunden, wie der Prophet klagt: „Ein jeder täuscht seinen Nächsten, die Wahrheit reden sie nicht. Sie haben ihre Zunge ans Lügen gewöhnt, sie handeln verkehrt, zur Umkehr sind sie zu träge".[110]

Der Trägheit, die aus der Anhäufung unseres Widerspruchs im Handeln resultiert, zu entkommen, ist in aller Regel mühsam. Denn die uns in Trägheit bindende Masse, die partikular wirksam ist, trifft gleichwohl das Ganze. Das Entbunden-werden von ihr ist ein komplexer Vorgang, der unser Verständnis dafür öffnen will, dass der Sprung an sich zwar unersetzlich ist, aber damit doch nicht abgeschlossen sein kann. Letztlich liegt der Sprung über die Klippe darin, den hier offengelegten Umstand zu meistern. Von uns aus gesehen geht es um das Bewusst-werden dessen, woraufhin sich unser Handeln ausrichten muss: weil das Geschehnis der Auflösung des Widerspruchs die eigenen Vermögen übersteigt, muss unser Handeln in das des *Leben-Selbst* hineingenommen sein.

„Der Zöllner aber stand weit weg und mochte nicht einmal die Augen zum Himmel erheben. Er klopfte vielmehr an seine Brust und sagte: Gott du, versöhne dich mit mir, dem Sünder".[111] Ohne irgendeine Ausflucht schaut dieser Sünder sich selbst, wie er ist. Was ihn antreibt, ist, versöhnt zu werden. Wer sich selbst gelassen hat, dem ermöglicht sich der Überstieg, das hierfür notwendige Vertrauen hat dann sein Fundament. Jegliches Einbilden über sich selbst muss überschritten werden: ein Vertrauen auf sich selbst, *ich bin der Gerechte,* oder das nicht vertrauende Misstrauen, *mir ist nicht mehr zu helfen.* Diese Art von Ausschließlichkeit lässt den Lebensfluss hin auf das Geschöpf und so auch auf den Schöpfer verkümmern. „Wer Gott nicht traut, kann nur noch auf sich selbst setzen. Wer aber nur noch auf sich selbst setzt, kann den Bruder neben sich nicht wirklich wollen".[112] Soll in uns die Zuversicht – auf das *Leben-Selbst* hin – gesunden, so ist entscheidend, *den Weg von der Oberfläche des Ich zu seiner Wurzel zu bahnen.* Um hierzu fähig zu werden, ist alle Überheblichkeit aufzugeben und als Ballast abzuwerfen.[113]

Das tragfähige Vertrauen ist verwiesen auf ein Getroffen-sein von einem Etwas: *was zuvor schlief, erwacht.* Unvorhergesehen trifft uns ein Begebnis, das uns berührt: eine Initiation die sich unerwartet ereignet. In der Schere von Rückblick und Ausblick erfährt die initiierte Person *ein Muss*, dem sie nicht ausweichen kann; wer sein Schlüssel-Erlebnis, aus dem Flüchte des Lebens zu zeitigen sind, ignoriert, findet letztlich nicht seine Ruhe. Denn die erfahrene Weitung des *Sehens*, der freiwerdende Blick hin auf das Einende, ist gebunden in die damit aufgetragene Verantwortung. Das bisher praktizierte *Dabei-zu-sein*, dessen einäugiges Spiel mit der Lebens-Ordnung nichts anderes als Zerstreut-sein ist, hat kurze Beine.[b] Die Aussage, „Wer da sucht, sein Leben als Eigentum aufzusparen, wird es zugrunde richten",[114] will unseren entstellten Blick hin auf das *Leben-Selbst* entschleiern.

Jeder Akt, den wir im Verirrt- und dadurch Verwirrt-sein aus dem Ich-begehren setzten, trifft uns selbst: der Durchblick ist – weil gekrümmt – verhindert. Aus dem entstandenen Hindernis, welchem das Erkennen nun unterliegt, resultiert ein sich verstärkter Zwiespalt, der überdies das Tor zum Leben schließt: sowohl uns selbst als auch unser Gegenüber real zu schauen, entschwindet; in diesem Zustand sind wir in uns gekrümmt und selbst verzweckt.[115] Um in unser Stör-Feld einzudringen, müssen wir uns selbst durchaus zur Disposition stellen. Der in sich selbst gekehrte Blick beschämt und demütigt uns so sehr, dass wir nicht mehr unberechtigt dem anderen gegenüber treten: wer seinem eigenen Versagen nicht ausweicht und die Abgründe enträtselt, erlangt untrüglich tiefe Einsicht seiner selbst. Nun schlägt *das Unterschieden-sein* mit dem Gegenüber nicht mehr in die Flucht, sondern es ist *das Einvernehmen*, worin der Sinn der Schöpfung liegt. „Wer liebt, gibt dem anderen Zeit. ... [Der in Wahrheit Erwachte] will, dass der andere sich entfaltet, seiner selbst bewusst wird und in Freiheit Antwort geben kann".[116] Wenn wir in diese Dimension hinein reifen, erst dann kann von Erwachen die Rede sein, denn nur in *ein untrügliches Sich-beugen* will sich das *Leben-Selbst* ergießen.

Werfen wir einen Blick auf den Weg zum Erwachen von Dōgen, so ist die Vergänglichkeit, die er durch den frühen

Tod seiner Eltern erfuhr, für ihn das Hauptmotiv, aufzubrechen: eine Art von Initiation. Sein Weg ist strenge Übung. Im Überschreiten des Vergänglichen trachtet er, die Fessel des Unwissens (無明: Mumyō → Avidyã), von dem die Menschheit befallen ist, zu lösen. Sein Ringen, dessen offengelegte Grundhaltung uns zum Wesentlichen führt, verkörpert die Radikalität von Shugyō. Soll der Weg gelingen, muss alles, was in den uns gegebenen Vermögen liegt, eingebracht werden; überdies muss sich aus der Weg-Erfahrung selbst *die Kehre vom Selbst zum Nicht-selbst* vollziehen. „Das, was ich bisher vielfach erwogen habe, war unangemessen. Es hat seinen Grund nicht darin, dass das Erwägen schlecht und kraftlos gewesen wäre. Das bisherige Erwägen war zwar als solches ein Erwachen, aber dabei dachte und sagte ich dieses Erwachen doch kraftlos, denn es war verkehrt [allein von 佛 (Hotoke) – Tathãgata – zum Erwachen geführt, versuchte ich, von mir aus dazu zu gelangen]. Das Erfahrene als unnützlich zu erkennen, ist ein Beweis dafür, dass sich dahinter gewiss eine wichtige Weisheit entfaltet. ... Auch wenn ein Erwachen *kraft des Erwägens*, bevor wir erwachen, sich zeigt, so ist es kein Erwachen, worauf wir vertrauen könnten".[117]

Dies macht Tamaki, in der Auseinandersetzung mit seiner eigenen Erfahrung, besonders deutlich, indem er Dōgen zitiert: „Das Wort Jin-Daichi (尽大地) drückt die ungebrochene, tiefe Vertrautheit aus, nämlich vertraut der Zeit, dem Alter, dem Herzen und der Sprache. Das Nicht-begrenzte, das Endlose soll Jin-Daichi genannt sein".[118] Tamaki legt diese Textstelle aus: "Das Wort Jin-Daichi scheint Dōgen sehr vertraut. Es ist zu sehen, je länger er auf seinem Weg ist, je älter er wird, umso tiefer durchdringt dieses Wort das Herz von Dōgen. Dies erweckt in mir den Eindruck, als würde er, indem er die *grenzenlose, endlose* Unendlichkeit tastend fühlte, von der Beständigkeit der gleichen *grenz-endlosen* großen Erde sich getragen erfahren haben. Genau hier – in Jin-Daichi – nimmt Dōgen das Herz von Hotoke (Tathãgata) wahr".[119]

Dōgen: „Hört, Jin-Daichi ist selbst Hosshin$^{\alpha}$. Das Verlangen, sich selbst zu wissen, liegt tief im Herzen. Nur selten aber ist derjenige, der das wahre Selbst schaut, allein Hotoke vermag es zu wissen. ... Das von ihm ausgesagte Selbst ist eben Jin-Daichi. Darum gibt es für alle kein Selbst, was nicht Jin-Daichi ist, ob es als das Selbst wahrgenommen wird oder nicht".[120] Tamaki: „Jeder Mensch, wer er auch sein mag, hat das Verlangen, sich selbst zu erkennen. Jedoch gibt es keinen, der das wahre Selbst kennt. Nur Hotoke weiß es. Was ist Hotoke? Hotoke ist [hier] Jin-Daichi, was das Selbst stützt und hält und doch nichts anderes als das Selbst sein kann. Was ist dann das Selbst? Ob wir wissen oder nicht, dass es das Selbst ist, was von Jin-Daichi gestützt ist und nichts anderes sein kann als das Selbst, ist es dennoch von Jin-Daichi gehalten und kann nichts anderes sein als Jin-Daichi. In solch ununterbrochen fortschreitender Paradoxie müsste Dōgen eine nicht zu erlöschende Vertrautheit mit Jin-Daichi gefühlt haben. Diese Vertrautheit hat ihn wohl mit dem Alter, seinem zunehmenden Denken und seiner Erfahrung immer tiefer in *die große Erde* hineingezogen. Eben Jin-Daichi ist Hosshin (dharma-kāya)».[121]

Es ist *das Wie des Erwachens*, was sich im Ringen Dōgens auf seinem Weg immer deutlicher zeigt: „Allein durch Hotoke zu Satori (悟り) geführt ist Erwachen, mit anderen Worten, nur aus der uns weit übertreffenden *Kraft des Erwachens*, die uns zukommt, werden wir geborgen sein. Deshalb vermag der gewöhnliche Mensch... keineswegs zu Buppō (buddha-dharma) erwachen noch Buppō (佛法) ergründen. So sagt Dōgen. Wie ist es aber bei Dōgen selbst? Gehört er nicht zum gewöhnlichen Menschen...? [c] Aber vom Standpunkt ‚allein der uns weit übertreffende und uns zukommende Hotoke erwacht' her gesehen hat sich sein bisherig unabhängig-subjektives

α Hosshin → dharma-kāya verkörpert die Wahrheit: form-, farb- und substanzlos, alles Seiende ist dessen Manifestation

Ergründen durchaus gewendet. Noch viel klarer zeigt dies die folgende Stelle aus dem Buch Shōji (生死): ‚Erwäge nichts mit dem Herzen, sage nichts mit Worten. Lass los und vergesse deinen eigenen Körper und das eigene Herz. Wirfst du dich in das Haus von Hotoke hinein, so wird Hotoke alles tun. Wenn du ihm folgst, dich tragen lässt, wirst du *gelöst von Leben und Tod* zu Hotoke [der zur Wahrheit Erwachte]; dies geschieht ohne das Aufwenden der Kraft und frei vom Erwägen des Herzens'. Wenn es so ist, wie Dōgen sagt, dann wird … das Mensch-sein allein von Hotoke her gewirkt."[122]

Erwachen darf sich immer nur darauf hin, das uns trägt und erhält, ereignen. Das Ausfalten der Wirklichkeit, wofür sich unser Blick weitet, ist der einzulösende Weg. Jede Stufe des Erwachens hat immer den doppelten Aspekt des Absoluten und des Relativen an sich: das Absolute verleiht die Erfahrung des Erwachens. Zugleich ist auf jeder Stufe auch das Moment des Relativen – das Noch-nicht – gegenwärtig. Entschwindet das Moment des Relativen auf dem Weg, so wird die Übung zum Selbst-Zweck. Die Gegenwart des Relativen hält den Weg offen hin auf das Noch-nicht. Außerdem bewahrt eine solche Haltung davor, unsere Teilhabe an der Wirklichkeit des Lebens nicht mit dem Absoluten zu vertauschen;[d] wenn dieser Tausch geschieht, dann ist immer *ein Schein-manifest-werden des Absoluten* am Werk, was für uns zur Fallgrube wird: „Alles aber, was man jemals (an Gutem) von Gott empfing, soll man sich nicht als sein eigen zuschreiben; sondern ihr sollt es ihm wieder darbieten, nichts davon halten, nur an euer lauteres Nichts und an eure Armut denken; ... haltet euch allein an eure Kleinheit, eure Armut, euer Nichts, wie es ja der Wahrheit entspricht. Lasset Gott, was Gottes ist; bemüht euch, in euren Ursprung zurückzukehren".[123]

Die Grenze innerhalb dessen, was uns gefangen hält, zu überschreiten, erfordert, dem Mitmischen an der Oberfläche der Wirklichkeit zu entsagen. Geschieht dies in Wahrheit nicht, dann ist es nichts anderes, als den authentischen Überschritt zum Lebens-Grund zu boykottieren. Hier liegt für alle eine

Dunkelzone, die weder durch irgendwelche von uns ideiert-kreierte Welten noch durch fälschlich verabsolutierte Erfahrungen zu überwinden ist. So gesehen, geht es letztlich uns immer um ein Erfahren, um sich damit zu identifizieren. Das Pseudo-identische, indem es sich verselbständigt, etabliert sich und blockiert so das Hin auf das Darüber-hinaus. Das partikular Erfahrene, das uns im Hinblick auf *das Je-weiter* blendet, bezieht nicht selten eine parasitäre Position, durch die das Eigentliche sich uns verstellt.

Wie verhält es sich nun mit dem Eigentlichen? Die sich hier stellende Frage will uns das gegenseitig verwiesene Zueinander der Identität zur Differenz veranschaulichen, indem das Zu-einander in doppelter Hinsicht sich öffnet: das, was uns einschließt und gefangen hält, enthüllt sich. Dieses lösende Offen-werden korrespondiert mit dem verlangenden Offen-werden – im Nicht-verlangen – und weitet sich mehr und mehr auf das *Leben-Selbst* hin. Im Wahrnehmen des Sich-öffnens tut sich in jenem das für uns relativ und in diesem das absolut Unendliche kund. *Erst aus der Erfahrung des relativ Unendlichen* erwächst die innere Haltung, die dem *Leben-Selbst* bedingungslos Einlass gewährt: ein Rückgrat, das all dem Ich-haften widersteht und nur auf das setzt, was jenes zu überwinden vermag. Hier reift *das nicht-verlangende Verlangen,* uns *dem absolut Unendlichen* zu überantworten: „So muss sich denn der Mensch vor allem in sein Nichts hineinversetzen. Kommt der Mensch auf den Gipfel aller Vollkommenheit, so hat er es nötiger denn je, niederzusinken in den allertiefsten Grund und bis zu den Wurzeln der Demut."[124]

Ohne dass sich in uns *das verriegelte Tor* öffnet, können wir in Wahrheit nicht Mensch werden. Das Öffnende und zugleich Zu-öffnende ist die Identität der Kern-$_F$: wenn auch das *Leben-Selbst* hier eigentlich handelt, sind wir unter keinen Umständen entpflichtet, all unserem ich-haften Begehren zu entsagen. Übersehen wir also nicht, dass die Differenz ihrer Herrschaft beraubt wird, wenn sie ihrer Autarkie verlustig geht. Wie sollte sich sonst das Tor *zum Garten Eden* öffnen!

Das, was uns im Hier und Jetzt gegenwärtig im Dienst des Lebens fasst, lässt sich erst einlösen, indem wir hierfür den Anlass nicht mehr verletzen. Den alten Menschen – die Dispositionen in der Differenz – in Wahrheit reumütig töten, lässt uns des Lebens teilhaftig werden;[125] dagegen bedeutet, der Lebens-Lüge weiterhin zu verfallen, das Neu-werden als Mensch vor der Tür des Lebens dem *Leben-Selbst* zu entreißen. Das Richtmaß hierzu finden wir bei Paulus: „Einer ist für alle gestorben, also sind alle gestorben. ... Folglich ist einer, wenn er in Eins mit dem Messias ist, neue Schöpfung: das alte ist vergangen. Da! Neues ist geworden. Das Allsamt aber geht von Gott aus, ...".[126]

Anmerkungen

Anm. a: Im Geschöpfe kann der Mensch dem Schöpfer begegnen. Ist es doch nicht so, dass unser Weg durch das Vergängliche zum Unvergänglichen führt: mithilfe der Geschöpfe müssen wir eintreten in den Vorhof des Heiligtums. Der Schöpfer will in der Kreatur von uns gegenwärtig wahrgenommen werden und uns die Einsicht schenken, dass auch wir durch Ihn, mit Ihm und in Ihm leben. Obwohl wir Seine Gegenwart nur verschleiert erkennen können, deutet dies doch unsere wahre Herkunft: zurück zum Ursprung, indem wir Raum und Zeit überschreiten. Allerdings, weil unser dualistisches Vernehmen – das von uns verausschließlichte Gegenüber der Schöpfung – das Eigentliche für uns blockiert, ist das erkennende Moment, das die Dimension der elementaren Stufe zum Himmel mitteilt, unserem Blickfeld entzogen. Im zuvor offengelegten Zueinander des Menschen zur Schöpfung zeigt sich sein Gestört-sein zu ihr. Dadurch wird sowohl die in uns ihm als auch die in ihr grundgelegte Ordnung, die gegenseitig mitgetragen und erhalten werden muss, von uns abgewiesen, ja sogar zerstört.

Anm. b: Aufgrund des unerwachten Seins-Standes erfolgen unsere Fehlgriffe; täuschen wir uns nicht, überwiegend, ja fast alle bleiben darin gebunden. Wer sich selbst nicht *nackt* schaut, wie könnte dessen Blick sein Gegenüber gebührend ermessen! Unsere willkürlich gefärbt-limitierten Akte entsprießen vielfach daraus, besonders zu sein, nämlich aus *Begehr*. Ein derartiges Sich-wähnen führt dazu, den uns tragenden Grund sukzessiv zu missachten. Hierdurch kann die kollektive Weltsicht an Macht zunehmen, um denen, die ihr sich widersetzen, die Lebenschancen abzusprechen: „... ja, es kommt sogar die Stunde, da jeder, der euch tötet, wähnt: Er bringe Gott ein Opfer. Und das werden sie tun, weil sie den Vater nicht erkannten noch mich“.[127]

Anm. c: In Shugyō kann der Mensch zwar Satori erreichten, aber seinen erwachten Zustand nicht festhalten. Das mit der Erbsünde Bezeichnete, wie in der christlichen Tradition vermittelt, kann kein Mensch selbst – mit eigener Kraft, nämlich den ihm gegebenen Vermögen – auflösen: jeder Mensch ist ein Heraus-gefallener aus der ursprünglichen Einheit. Für die Menschen, die im Nicht-annehmen dieser Tatsache befangen sind, dennoch auf die übernatürliche Wurzel ihres Daseins alles setzen, um sie zu verfügen, erübrigt sich *das göttliche Werk der Erlösung*. Lauert hier nicht die Versuchung, verursacht eben aus der Erbsünde, dem Selbst-erlösen zu verfallen?

Anm. d: Es gibt besonders zwei Übungs-Weisen, die den Shugyō-Weg verfehlen. Beide streben sehr danach, die Früchte der Übung sich selbst zuzuschreiben; eigentlich ist dies immer ein Sich-verirren aus dem *Selbst-sein-wollen*, der Eigen-Liebe. Die eine Weise ist das über die Vorstellung selbst erzeugte Ergebnis des Erwachens, bei der anderen handelt es sich um eine authentische Erfahrung, welche ohne entsprechendes Ausfalten in eine negative Kraft umgewandelt wird. Im ersten Fall ist es ein Schein-Satori, welches nicht nur die betroffene Person selbst, sondern auch empfängliche Menschen verblendet, indem das Unwahre sich als Wahrheiten suggeriert. Im Fall, dass eine Person das Absolute authentisch erfährt und ungewöhnliche Fähigkeiten in ihr aktiviert werden, lauert die Gefahr, das Erfahrene – aufgrund des dadurch gestärkten Bewusstseins – zu veruntreuen. Wer hier nun *das Eigen-sein* sich selbst zuspricht, indem er die erfahrene Kraft verdinglicht, kann gerade mittels dieser Kraft viele Menschen im Namen des Authentischen an sich binden, um die Spur des wahren Frei-werdens zu verwischen.

Im Eigen-Willen liegt die verursachende Triebfeder für ein sich selbst und andere täuschendes Verhalten: das vermeintlich Seine zu suchen, steht immer im Schatten des Bösen; wird der Sündenfall ignoriert, dann ist damit die entsprechende Hemmschwelle beseitigt. Dass Menschen bewusst dem Bösen dienen, das ist wohl die Ausnahme. Die Majorität dagegen steht im Schatten des Bösen und handelt daraus, ohne sich dessen bewusst zu sein: diese Tatsache dürfen wir keineswegs übersehen. *Den Fall im Garten und unser davon betroffenes Bewusstsein* ist nicht voneinander zu trennen: unsere tendenziöse Schädigung des Erkennens ist damit gegeben. Alle Akte, die wir setzen, partizipieren unwillkürlich an unserem Verderbt-sein der Erkenntnis-Vermögen, das Verfinstern unseres Wahrnehmens nimmt zu. In die Irre-zu-gehen und gleichzeitig dies in Übereinstimmung mit dem Leben zu erfahren, ist unsere Realität, die sich überall vergegenwärtigt. Deshalb, weil wir in Mumyō (Finsternis) hausen, können wir den eigenen Widerspruch gegen das Leben nicht empfinden.

16 Ignoranz aus Un-wissen: Mumyō – das blasierte Erkennen

„Weise mir, Herr, deinen Weg, dass ich wandle in deiner Wahrheit, erhalte mein Herz bei dem einen, allein deinen Namen zu fürchten".[128] Unser ursprüngliches Identisch-sein gründet in der Gottes-Furcht, nämlich im *Leben-Selbst;* im trügerischen Identisch-sein versteckt sich dagegen die Furcht vor dem Tod, ja vor dem Verlust der – selbst/fremd – erzeugten Identität, als eine Folge von Mumyō. Es ist eine unleugbare Tatsache: unser Erkennen ist tief versumpft in Mumyō, durch dessen Einwirken es stumpf wird. Infolgedessen können die wahrnehmenden Vermögen ihrer selbst nicht einsichtig werden. Jedoch, das sich für transparent haltende Erkennen zeigt erst im Praktisch-werden seinen wahren Befund. Deshalb kann der Wille, der sich selbst sucht, den *Freiraum für seine willkürlichen Akte* finden.[129] Wären Wille und Vernunft in ihrer Zuordnung zur Identität der Kern-$_F$ nicht gestört, würden die von uns gesetzten Akte keinen Widersinn im Sein, dessen Erkennen und Wagen spiegeln. Denn sie – die Vermögen des Erkennens und Wollens – gründen in der Identität und sind demzufolge in ihrer Eigenständigkeit offen und entschieden, ihr Integriert-sein in den Grund zu bejahen; das ist ihr Frei-sein, das sie nicht in einen Irrtum fallen lässt. Das sich aus der Identität in die Tat setzende Frei-sein schließt ein, das Desintegriert-sein dagegen schließt aus und verrät damit sich selbst; die nicht integrierten Vermögen orientieren sich übereinstimmend mit der Differenz der Kern-$_F$, welche ihre Integration in die Identität ignoriert. Ihr missdeutetes Frei-sein kann denjenigen, die auf *das Wort des Lebens* zu hören vermögen, im selbst erfahrenen Widerspruch von Sein und Erkennen offenkundig werden. Der Störfaktor für unser absurdes Verhalten, das Leben außerhalb des Lebens zu suchen, hat seine Ursache im Sich-überheben von Vernunft und

Wille: irregeführt graten sie damit in die Fänge von *Mumyō* und widerstreben, dem in der Identität gründenden Frei-sein Folge zu leisten.[a]

Umkehr geschieht im Entwirren dessen, was sich in der Zuordnung der Erkenntnis-Vermögen an Zerwürfnis etabliert hat. Dies heißt konkret: die Differenz, die dem Zutreffenden – der Identität – entgegengesetzt wirkt, ist zu entlarven, denn aus dieser Verkehrung folgt alles weitere Stören, ja Zerstören. Das biblische Wort legt immer wieder den Finger in die durch die Verkehrung verursachte Wunde und mahnt uns zur Umkehr: das Wort muss unmittelbar uns treffen, keinesfalls dürfen wir hier ausweichen. Sind wir existenziell einbezogen, dann entschlüsselt sich das in Gleichnissen Dargelegte. Ein Erwachen aus dem Schlaf der Ignoranz wirkt heilsam. Wir sind nicht mehr dem diskursiven, dem imaginativen und dem emotionalen Verstehen ausgeliefert, denn unsere Vermögen überschreiten ihr spezifisches Wahrnehmen; nun wird nicht mehr dem instrumentellen Bewusstsein die Wahrheit zugeschrieben, sondern dem Darüber-hinaus. Das Überwinden von Ignoranz – das Sich-fügen der Differenz in die Identität – ist nichts anderes als Umkehr.

Entstört und ordnet sich das Verhältnis der Differenz zur Identität, fasst das in den folgenden Zitaten Dargelegte in uns Fuß. Solche Aussagen, die uns mit einem Anspruch konfrontieren, der zu überfordern scheint, wollen im wahrsten Sinne unser Mensch-sein offenbaren. Erfahren wir sie als Zuspruch des *Leben-Selbst*, so kann sich unser wahres Seinsollen verwirklichen.

– Der erste imitatorische Zuspruch ist das auffordernde Anmahnen, unser Leben in seiner Veranlassung, in der es in Wahrheit gründet, zu berühren: „Höre, Israel! Jahwe ist einzig. Darum sollst du den Herrn, deinen Gott, lieben mit ganzem Herzen, mit ganzer Seele und mit ganzer Kraft".[130]
– Der zweite imitatorische Zuspruch will uns Mut machen, die hiermit uns gegebene Aufforderung nicht zu ignorie-

ren, sondern sie zu wagen: "Dieses Gebot, auf das ich dich heute verpflichte, geht nicht über deine Kraft und ist nicht fern von dir. … Nein, das Wort ist ganz nahe bei dir, es ist in deinem Mund und in deinem Herzen, du kannst es halten".[131]

– Der dritte imitatorische Zuspruch fordert uns auf, der Entscheidung für das *Leben-Selbst* nicht den Rücken zu kehren, sondern sie zu treffen: „Hiermit lege ich dir heute das Leben und das Glück, den Tod und das Unglück vor. Wenn du auf die Gebote des Herrn, deines Gottes, auf die ich dich heute verpflichte, hörst, … dann wirst du leben".[132]

Der in Un-wissen Befangene, dessen Herz verstockt ist, dessen Ohren schwerhörig sind und dessen Augen nicht sehen, wie kann er zur Einsicht kommen, um Heilung zu finden: aus der – sich selbst offenlegenden – Unfruchtbarkeit seines Handelns *verödet ihm der Besitz und wird zur Wüste.*[133] Der Durchgang durch diese Wüste, der um der Lebens-Wende willen zu vollziehen ist, setzt das Einsichtig-werden in das eigene schuldhafte Verstrickt-sein voraus: *Ignoranz aus Un-wissen* schlägt um in *In-Kenntnis-nehmen.* Die Umkehr muss jedoch darüber hinaus ausreifen und letztlich münden im Quell des Lebens.

Erst wenn das so Erlangte aus dem Umbruch *in die Seins-Dimension des Nicht-wissens* durchbricht, lassen sich die Akte – gesetzt im Namen der Wahrheit aus Ignoranz – tilgen. Der Schritt darüber hinaus allein bewahrt nicht davor, uns vom Erreichten blenden zu lassen. Es gilt deshalb, *im Wissen des Noch-nicht* den Shugyō-Weg entschieden weiter zu gehen. Denn sonst schafft sich das wahr-falsch Vermischte – getarnt als beglaubigt – Raum und sucht, von allen als wahr bestätigt zu werden. In unserem Identitäts-Mangel, der angeboren ist, finden wir die Ursache für das Besetzt-sein mit Unwissen.[b] Daraus folgt das Fallen in Unwahrheiten, die sich als wahr postulieren. Hätten wir keinen Identitäts-Mangel, dann könnten sich die Unwahrheiten nicht für wahr ausgeben und so uns täuschen. Weil wir von Un-wissen tief befangen sind, können wir weder den eigenen Identitäts-Mangel noch dessen verhängnisvolle Lüge erkennen. Aufgrund von *Mumyō* ist uns die Pforte zur Wahrheit verstellt. Deswegen kann die Unwahrheit uns irreführen: hier finden wir – für all die in Un-wissen Gebundenen – *das Etwas, das im Namen der Wahrheit mit dem kollektiven Anspruch übereinkommt*. Verbleiben wir weiter im Tiefschlaf – *Mumyō* –, dann kann die sich selbst ernannte und uns verfügende Herrschaft die Oberhand gewinnen. Um uns jedoch aus diesem Schlaf zu erwecken, lädt die ZJC-rsl zur Läuterung – Übung und Verzicht – ein,[c] nämlich zur Abkehr von all dem uns befleckenden Unrat. Je tiefer wir uns selbst aufrichtig erkennen, desto klarer können wir *die Botschaft des Lebens* aufnehmen und ihr folgen. Wir dürfen die Tatsache nie aus den Augen verlieren, dass das Gelingen des Ersehnten letztlich auf *jene Botschaft*, die in allem gegenwärtig wirkt, verwiesen ist: „Ich gieße reines Wasser über euch aus, dann werdet ihr rein. Ich reinige euch von aller Unreinheit und von allen euren Götzen. Ich schenke euch ein neues Herz und lege einen neuen Geist in Euch. Ich nehme das Herz von Stein aus eurer Brust und gebe euch ein Herz von Fleisch. Ich lege meinen Geist in euch und bewirke, dass ihr meinen Gesetzen folgt und meine Gebote achtet und sie erfüllt.“[134]

Anmerkungen

Anm. a: Das Recht, sich zu entscheiden, steht jedem Menschen zu. Es ist ein großes Mysterium der persönlichen Freiheit, so dass das *Leben-Selbst* hier selbst davor Halt macht. Die uns mit dem Leben gegebene Freiheit lässt sich auffinden in der Identität der Kern-$_{F}$. Jedoch, herausgefallen aus unserem ursprünglichen Eins-sein, ist es ein mühevoller Weg, dorthin zurückzufinden; vergessen wir nicht, nichts kann uns davon entbinden: „Der Mensch ist dazu berufen, in seinem Innersten zu leben und sich selbst so in die Hand zu nehmen, wie es nur von hier aus möglich ist; nur von hier aus ist auch die rechte Auseinandersetzung mit der Welt möglich; nur von hier aus kann er den Platz in der Welt finden, der ihm zugedacht ist".[135]

Der Weg nach innen bedarf des entschiedenen Anspruchs sich dem *Leben-Selbst* aufrichtig – im Verlangen nach der Wahrheit – zu stellen. Dafür ist alles, was dem Wahren trotzt, wegzuräumen. Wie könnten wir sonst der Spur des Lebens folgen, indem all die Hindernisse, die der Kehre nach innen im Weg stehen, uns mit ihrem irritierenden Zwielicht weiterhin leuchten. „Dabei ist zu bedenken, dass die Eigentätigkeit der Seele augenscheinlich immer mehr abnimmt, je mehr sie sich dem Innersten nähert. Und wenn sie hier angelangt ist, wirkt Gott alles in ihr, sie hat nichts mehr zu tun, sondern nur noch in Empfang zu nehmen. Doch gerade in diesem Empfang-Nehmen kommt der Anteil ihrer Freiheit zum Ausdruck. Darüber hinaus greift aber die Freiheit an noch viel entscheidenderer Stelle ein: Gott wirkt nur darum hier alles, weil sich die Seele Ihm völlig übergibt. Und diese Übergabe ist die höchste Tat ihrer Freiheit".[136]

Anm. b: Un-wissen, die Finsternis ohne wirkliche Selbsterkenntnis; Wissen, ein Raum und Zeit gebunden-bleibendes Erkennen: Nicht-wissen, dessen Erkennen das Endliche überschreitet. Hiermit soll die jeweils zugrunde gelegte – den Weg kennzeichnende – Stufe charakterisiert werden, um das eigene Un-wissen zu durchschauen und frei zu werden vom Befangen-bleiben in der Wissens-Dimension. Das Nicht-wissen: der Übungs-Weg erweist sich als authentisch, indem wir uns dort – *im Nicht-wissen* – einfinden. Wenn das, was Un-Wissen und Wissen charakterisiert, durch das Erfahrene – den Ich-Kosmos – in Einsehen umbricht, öffnet sich im Darüber-hinaus unsere ursprüngliche Seins-Dimension.

Un-wissen: die mentalen, imaginativen und emotionalen Vermögen können sich selbst nicht einsichtig werden, geschweige denn ihre Symptome und Zustände von Einbildung, ja Wahn beurteilen. Aufgrund der *im erkrankten Zweifel* gebundenen Vermögen ist es uns nicht möglich, die Ursache, die *den Zustand* der *Befleckung* bewirkt, aufzuklären; dies auch deshalb, weil das Selbstvertrauen nicht frei ist von Illusionen und Ignoranz. Hierdurch ist das not-wendende Entschlossen-sein, das den bedenklichen Tatbestand aufdeckt, in ihr Gegenteil – in Unentschlossenheit – verkehrt. Un-wissen ist also nicht irgendein Mangel, sondern es ist Bestandteil der existentiellen Grundstörung der Erkenntnis-Vermögen überhaupt.

Das biblische Wort *Finsternis* verweist auf Un-wissen. Seinen tiefsten – nicht mehr hintergehbaren – Ausdruck findet es in den Worten Jesu am Kreuz: „Vater, lass es Ihnen nach! Sie wissen ja nicht, was sie tun".[137] Das unser Un-wissen zutiefst Charakterisierende ist der Griff nach dem *Leben-Selbst*. Wegen unserer Blindheit im Erkennen vergreifen wir uns letzten Endes an uns selbst: es ist beschämend, wie wenig wir der Aussöhnung unserer Vergehen am Leben bedürfen, denn die unsere Not wendenden Erlösungs-Worte Jesu treffen uns nicht!

„Und das Licht scheint in der Finsternis. Und die Finsternis ergriff es nicht".[138] Finsternis – Un-wissen – ist nicht exzeptionell, sondern ein ausnahmslos unser Mensch-sein tief betreffendes Faktum; die buddhistische Tradition nennt diese Finsternis *Mumyō*: *Finsternis ist die Wurzel des Irrtums, denn die Wahrheit – das Licht – ist uns verstellt.*

Wissen: im Verhältnis des aus der Erfahrung einsichtig gewordenen Unwissens sprechen wir von Wissen, das weder Angelerntes noch instrumentell Verfügbares bezeichnet. Wenn das, was unser Urteils-Vermögen blendet, irreleitet und bindet, in uns geschaut wird, öffnet sich *der Ich-Kosmos* und gewährt uns Einblicke, die unserem Bewusstsein zuvor verschlossen bleiben. Hierbei geht es nicht um andere noch anderes, wir selbst werden zur Zielscheibe. Ferner ist und bleibt die Korrektur der Verstehens-Basis unerlässlich, um sie in Übereinstimmung mit dem Grund-Bewusstsein – der Identität – zu bringen.

Die Erschließung von Wissen *im Shugyo-Prozess* ereignet sich plötzlich: unerwartete Einsichten in den Ich-Kosmos ernüchtern uns. Wollen wir uns bewusst und befähigt werden zu erkennen, dass das Leben uns geschenkt ist, so muss der Weg durch die Hindernisse, die aufzudecken, zu entlarven und zu entziffern sind, sich bahnen, damit Un-wissen sein erbeutetes Existenz-berechtigt-sein verliert: Un-wissen wird nun ersetzt durch Wissen.

Nicht-wissen: durch das entziffernde Infrage-stellen des Ich-Kosmos, sein Einsichtig-werden im Licht der erwachenden Identität, lässt sich das Verkehrt-sein in der Kern-$_F$ korrigieren. Je mehr *der Hegemonie-Anspruch der Differenz zur Identität* sich löst, desto weniger wird sie in ihren zu setzenden Akten – trotz der notwendigen Entschiedenheit und Achtsamkeit – dominieren: durch diesen Tausch kommt das Grund-Bewusstsein erneut zum Tragen. Unser Verwiesen-sein auf das Leben an sich, das sich aus dem Nicht-wissen erschließt, ist authentischer, außerdem werden wir befreit von Lasten wie Illusionen und Ignoranz aus verabsolutierten Wissens-Ansprüchen. Im hier geborenen Verständnis für den Lebens-Vollzug erschließt sich uns das Sein, das sich auftut auf das Unbegrenzte hin, und zwar erfahren in eingeschränktem Maße: eine Paradoxie, mit deren Auflösung das Nicht-wissen ringt. Die existentielle Dimension des Nicht-wissens ist keinesfalls eine Flucht, um dem uns verpflichteten Wissens-Anspruch auszuweichen. Auch sein Einholen über die Imagination wäre – abgesehen von Selbst-Täuschung und Illusion – ein gravierendes Missverständnis.

Nicht-wissen – eine die diskursiven Vermögen überschreitende Erfahrungs-Dimension, die durch Shugyō ausreift – ist nicht zu verwechseln mit dem gängigen in Un-wissen gebundenen Welt-Verständnis. Un-wissen ist gebunden im Ichhaften; auch Wissen ist nicht frei von einer subjektiven Perspektive. Nicht-wissen unterscheidet sich vom Wissen dadurch, dass es die Begrenztheiten des Ich-Kosmos – den subjektiv-kollektiven Wissens-Anspruch – überwindet. Das Überwinden der Subjekt-Objekt-Beziehung ist Voraussetzung für das Sich-arrangieren mit jener Paradoxie. Infolgedessen ist sie für denjenigen, der sich im Nicht-wissen befindet, kein Widerspruch.

Wer sich im Nicht-wissen befindet, stirbt dafür auf seinem Weg viele Tode, denn das Ichhafte – um dessen Tod es geht – muss sterben. Dieses Sterben sich einzugestehen, öffnet das Tor in die Gegenwart, dessen Zugang zum Leben sich nun nicht mehr verstellt. Im Nicht-wissen speist sich die Identität der Kern-$_F$. Komplexe Gegebenheiten, die diskursiv – differenzorientiert – weder zu erfassen noch zu durchdringen sind, werden in ihrem Verwiesen-sein zugänglich. Im sich weitenden Erfahrungs-Horizont vollzieht sich ein qualitativer Umbruch: das zuvor Erkannte relativiert sich, das Verhältnis von Zu-erkennendem zu Nicht-zu-erkennendem verschiebt sich nun zugunsten der Dimension von Nicht-wissen.

Müllhalden, die durch ungeordnete – oftmals selbsttätige – Bewegungen des Bewusstseins in uns angehäuft wurden, müssen abgetragen werden. Erst dann kann der Weg begangen werden für den Durchbruch in die Seins-Realität des Nicht-wissens: diese Erfahrung ist heilsam. In dem Maße, wie dem Selbst-Bewusstsein – aus der existentiellen Erfahrung – gegenwärtig ist, dass wir *aus uns selbst* ein Nichts sind, kann Nicht-wissen in uns geboren werden. Das Wissen um das Nichts-sein *aus uns selbst* setzt das All-sein voraus. Nichts-sein und das All-sein sind die zwei Pole, die das existentielle Erfahrungs-Feld von Nicht-wissen kennzeichnen. Nur dadurch, dass die Differenz ihres Anspruchs verlustig geht, kann sie ihr Nichts-sein annehmen. Rückbezogen auf ihren Seins-Grund – das *Leben-Selbst* – birgt die Identität das All-sein als Möglichkeit in sich, dessen Vollzug in ihrem Nicht-sein sich ereignet.

Anm. c: ZJC-rsl → ZEN-JOU COMMUNITY – return to the source of life (www.zen-jou.org)

17 Handeln: die vermeintlich gute Absicht im Tun

„Was ein Mensch sät, das wird er auch ernten".[139] Jeder intentionale Akt, ob er sich auf die Person selbst, auf andere / anderes oder sogar auf ein Kollektiv richtet, hat immer einen zweifachen Niederschlag zur Folge: er trifft *den Handelnden und das Gegenüber*, dessen Ergebnis auf den *Entstehungs-Ort des Aktes* zurückwirkt; ganz davon abgesehen, dass nicht nur der sich ereignende Handlungs-Akt, sondern die Intention aus sich selbst immer schon zurückwirkt auf sein Gestehungs-Feld. Wir haben deshalb im Hinblick auf Galater 6,7b drei Ereignis-Felder zu unterscheiden, zwei in der handelnden Person und eines im Gegenüber. Aus der zweifachen Folge im Handelnden entsteht eine gerichtete Kraft, die nicht ausschließlich bei ihm verbleibt, sondern darüber hinaus auf sein Umfeld wirkt. Dieser gegenseitige Niederschlag verweist auf das Zeugungs-Feld der Entstehung von Dispositionen. Das hier diskursiv aufgezeigte Gestehungs-Feld trifft jedoch noch nicht das Eigentliche des Zitates, denn das Entscheidende der Aussage ist letztlich im *Leben-Selbst* begründet.

Jeder muss letztlich *die eigene Bürde tragen*, selbst wenn sie nicht unmittelbar aus ihm verursacht ist. Vermag er sie nicht anzunehmen, dann kann sein Handeln nicht im Gerechtsein gründen.[a] Dies ist nämlich *das fleischlich Gesäte*, das die Früchte innerweltlich erfahrbar erwartet. *Das im Geist Gesäte* aber überlässt in Demut, Armut, Geduld oder Gehorsam die daraus kommenden Früchte dem *Leben-Selbst*. Die angenommene Bürde zu tragen, bewahrt davor, dass wir verblendet dem Eigen-Maß verfallen, das offen oder verdeckt in Ungerechtigkeit mündet.[140] Zwar ist es unser natürliches Verlangen, *ein guter Mensch zu sein*, und der Wille, Gutes zu tun, ist tief in uns grundgelegt. Weil jedoch Wille und Vernunft sich vermischen mit dem Selbst-sein, ist unser Verwiesensein auf das *Leben-Selbst* aberkannt. Das individuell Defizitäre, das Leiden verursacht, verlangt nach einem Ausgleich.

Deshalb ist das sogenannte gute Handeln weitgehend motiviert, dies sichtbar werden zu lassen.[141] Das vermeintlich Gute, intendiert für die anderen, sucht sich eigentlich selbst. Weil der Blick auf den Adressaten gerichtet zu sein scheint, kann die Intention als solche sowohl für andere als auch für die handelnde Person selbst – das hier suggestiv Täuschende – verdeckt bleiben. Uneinsichtigkeit ist der Parameter, der die Entscheidung des Handlungs-Aktes intentional bestimmt: es sei sowohl gut als auch gerecht und so dem vorliegenden Sachverhalt angemessen; das Nicht-einsehen dessen, was wirklich vor sich geht, beeinflusst das Aktiv-werden des Wirkfeldes und stiftet großen Schaden.

Dass das Handlungs-Ergebnis der guten Absicht nicht entspricht, liegt daran, dass im vermeintlich Guten selbst der Wurm sitzt: was hier an der Wurzel nagt, ist der Umstand, dass der Handelnde in sich gefangen, sich selbst zum Objekt wird.[b] Alle externen, daraus folgenden Objekte sind sekundär, sie haben eine diesen Sachverhalt weitgehend kaschierende Funktion. Weil die Menschheit aus der ursprünglichen Einheit herausgefallen ist, kommen wir nie zur Ruhe und pendeln zwischen Vergangenem und Zukünftigem. Jenes beschattet und belastet, dieses beängstigt, was *das Sich-einstellen der authentischen Gegenwart* verhindert. Deshalb hinterlässt ein Handeln, das sich nicht aus dem Hier und Jetzt – dem Gegenwärtig-sein ohne Objekt – ereignet, vor allem im Handelnden ein ihn selbst eintrübendes Sediment: ihn trifft die Überzeugung, als stimme sein Tun mit dem Leben überein. In Wirklichkeit aber ist es sein Haften, um sich in den eigenen Früchten zu sonnen.[142] In all den Tätigkeiten, die der Mensch unter dem Schein des Guten wirkt, worin auch immer dies seine Ursache hat, schädigt er sich selbst, da dieser Anschein ein Handeln aus der authentischen Gegenwart – die Bedingung für das Gelingen des Guten – ausschließt.

Es erhebt sich nun die Frage: wo suchen wir den Grund für den Misserfolg unseres Handelns, bei uns selbst, beim anderen oder aber in den Umständen? Solange wir nicht aus der authentischen Gegenwart handeln, vermischen sich unsere Taten mit dem Eigen-sein, das sich immer selbst verteidigt. Deshalb, nur bei uns selbst – was es auch sein mag – ist der Beweggrund für das Ergebnis der Tat zu ergründen, eben das Etwas, das dem Guten entgegen wirkt. Diese Einsicht darf weder zum Selbst-Zweck stilisiert noch als *Angekommen-sein* betrachtet werden, denn ein Handeln kann nicht bei sich selbst bleiben. Wie könnte der unerlässliche Anlass für das zum Guten Entschiedene wirksam werden, ohne dass die Handlungs-Intention offengelegt wird. Gelingt es, in der Absicht die Dimension des Woraufhin, innerhalb dessen sich unser Tun ereignet, uns bewusst zu werden, dann schauen wir gedemütigt den Befund der vermeintlich guten Absicht: das bisher uns scheinbar tragende Fundament bricht zusammen. Das in der Handlungs-Intention Wirkende, wird es verkannt und bleibt verdeckt, stützt die falsche Selbstsicht, eine Gewissheit, die nicht nur das bezweckte Verlangen, sondern grundsätzlich das Handeln selbst rechtfertigt. In der sich rechtfertigenden Absicht kann die Ursache hierfür nur schwerlich erkannt werden, weshalb das Misslingen der Handlung im anderen oder in den Umständen gesucht wird. Im gefällten Urteil über andere soll nun der Schaden aus dem Haften an sich selbst übersehen werden, indem eigenes *Gutes-Tun* sich hervorhebt. Wüssten wir doch endlich, dass in Wirklichkeit solch ein Urteil letztlich sich und so uns selbst trifft![143]

Wäre das Gewissen wirklich rein, würden uns keine Handlungs-Zwänge – um des Rechtfertigens willen – nötigen, denn das reine Gewissen ist hiervon frei. Weil wir aber den Impuls aus der Identität in uns ignorieren, wird die daraus entstehende Unruhe zum Motor, *zwanghaft Gutes zu tun*. So wird das Handeln aus vermeintlich guter Absicht letzten Endes zum Perpetuum mobile: dessen Ergehen zeigt, dass im Tun selbst wenig oder sogar kein wahres Versöhnt-sein sich einstellt. Da sich *Gutes-Tun* aus sich selbst rechtfertigt, kann dessen Handlungs-Motiv – in Unwissen gebunden – unentdeckt bleiben.

Der hier offengelegte Sachverhalt will das zum Habitus gewordene Unversöhnt-sein verdeutlichen. Ein Mensch, der zwischen Vertrauen und Misstrauen pendelt, kann weder mit sich selbst noch mit anderen vertraut und versöhnt sein. Sein Ergehen nagt am Lebens-Impuls und legt sich wie gelähmt über das Tun. Erst wenn er einsieht, wie tief er sich im Unwissen befindet, dämmert ihm sein Gestört-sein: das In-der-Pflicht-stehen, das er in seinen Lebens-Tagen einlösen sollte, bleibt verkannt und daher ihm dessen Entfalten verwehrt. An diesem Punkt erhalten wir einen Einblick in das strukturale Zeugungs-Feld dessen, was sich als das Sündhafte niederschlägt. Verweilt einer in Unachtsamkeit und durchschaut deshalb das Gestehungs-Gefüge des Vergehens am Leben nicht, setzt er sich im Erfahrenen fest und gerät in Versuchung, dies zu tradieren. Im Fall, dass in willentlich gesetzten Handlungs-Akten Unrecht am Werk ist, vermögen wir eher zu sehen und zu beurteilen. Wenn aber das Handlungskriterium in die vermeintlich gute Absicht gebettet ist, dann ist unser Blick schnell geblendet. Demzufolge kommt die Struktur des Sündhaften nicht oder nur schwer in den Blick und kann unter seinem trügerischen Schein weiterwuchern.

Das struktural Sündhafte zeigt erst in seinen Früchten das wahre Gesicht, es sind nicht nur nicht Früchte des Lebens, sondern vielmehr das das Leben Mindernde, es Schädigende, der Tod. Das Sündhafte kann vor allem dort wuchern, wo es uns – sich aktualisierend – blendet. Weil sein Aktualisiert-sein von uns verkannt, ja sogar bejaht wird, können wir befriedet mit einem scheinbar guten Gewissen leben. Das Kollektiv, das sein Gesicht permanent wechselt, sich der Fassbarkeit entzieht und dessen *Machthaber* anonym bleibt, legitimiert das Sündhafte. Diese eigenartige Raffinesse kann eben mit dem Ichhaften – sich gegenseitig stützend – korrespondieren. Der Zeit-Geist – das Kollektiv – übt mittels seiner verkappten Sog-Wirkung einen großen Einfluss aus; das ist die Ursache, dass wir leichtfertig ihm verfallen und zugleich die Illusion hegen können, als wäre unser In-Einsicht-nehmen unabhängig. Hierdurch kann sich das Kollektiv zum Versteck für das ichbezogene Begehren stilisieren. Der Mensch dient dem Kollektiv, indem er in ihm – als Deckmantel sowohl für das Handlungs-Motiv als auch die Handlung selbst – Schutz sucht. Aus der gegenseitigen Legitimation konstituiert sich einerseits das Kollektiv, andererseits zielt der Mensch daraufhin, im Ergebnis bestätigt zu werden. Wie können wir also das struktural Sündhafte in den Handlungs-Akten durchschauen, um den durch das Kollektiv verdeckten Sachverhalt zu enthüllen und so der damit proklamierten Ambition nicht aufzusitzen? Nur in der authentischen Gegenwart! Denn in ihr kann uns die Selbstsucht nicht befallen, hier hat das Kollektiv keine Macht über uns, mit anderen Worten, dessen Anziehungskraft bleibt wirkungslos. Aus diesem Grund ringen wir im Shugyō – Übung und Verzicht –, um dem Vergeuden unserer Lebens-Zeit Einhalt zu gebieten und letztlich in das authentische Gegenwärtig-sein uns einzufinden.

Das Ich-bezogen-sein suggeriert sich, Geschehenes könne dem Vergessen anheimfallen und Verborgenes verborgen bleiben, um so den Freiraum für sein Handeln zu sichern. Vergreift sich der Mensch am Leben, so trifft dies immer ein Ganzes, dem sich keiner ohne weiteres entziehen kann: *das Sitzen im gleichen Boot*. Genauso verhält es sich, wenn Sündhaftes manifest wird, dann ist das nicht in der handelnden Person begrenzt, sondern greift darüber hinaus in *seiner flächendeckenden Wirkung*. Deshalb muss der Mensch das struktural Sündhafte in seiner Verwerflichkeit schauen und lernen, seine Bitternis in Wahrheit zu verkosten, denn nur so kann er auf dem ihn tragenden Grund stehen. Dem Lebens-Missbrauch in seinem Tun zu widersagen wird nun möglich, indem das Vergreifen am Leben – seine ruinöse Hinterlassenschaft – sich entlarvt: das daraus Entkommen ist nicht mehr fern. Aus der Einsicht in die Struktur der Sünde wird sich der Mensch bewusst, dass er sich davon nicht distanzieren kann aufgrund der Vernetzung der Lebens-Bezüge; das Erwachen lässt ihn erkennen, dass die Sache des Lebens im Mit- und nicht im Gegeneinander gelingen will. Ist das hier Offengelegte in unserem Tun und Lassen nicht doch einbezogen in das aus dem Sündhaften verursachte Leiden?

Der Niederschlag aus dem Zuwiderhandeln (→ Dispositionen) hat in sich eine Tendenz, sich fort zu zeugen; die entstehenden Muster unterliegen einem Zwang, dem wir schwerlich entkommen.[c] Im Erkennen des Wildwuchses, dessen Überwuchern das Umfeld unserer Existenz beraubt, will das Ermessen für das größere Ganze reifen, um dem Leben-Zerstörenden in seinem Weiter-fließen nicht mehr als Medium zu dienen. Sind wir doch nicht gefordert, das Leben in der Begegnung mit dem, was jenem entgegen wirkt, zu bestehen? Da wir in diesem Spannungs-Feld unsere Bleibe haben, fürchten wir das Risiko, aus seinem Da-zwischen uns heraus zu wagen. Ist Wachheit und Widerstandskraft in der zu verantwortenden Tat gegenwärtig, so lässt sich die Angst vor dem hier bevorstehend Unbekannten überwinden; das Aufdecken des Illusionären in unseren vermeintlich guten Taten lässt auch aus deren Irrtümern und begangenen Fehlern Früchte zeitigen. Ohne wirklich aus dem Hier und Jetzt zu handeln, besteht die Gefahr, im Anspruch des *guten Wollens*, des *Dienens* und des *Helfens* sich zu rechtfertigen. Gesteuert aus dem versteckten Eigen-Willen verfallen wir dem Begehren, uns gegen den Anderen abzusetzen. *Im Dazwischen* sucht das kollektive Interesse seine Nische und erhält in absurder Weise Hausrecht.

Es kann hier nicht darum gehen, die gute Tat schlechthin zu verdächtigen oder sogar abzulehnen; den vorgelegten Text so zu lesen, wäre ein grobes Missverständnis. Das vorgetragene Anliegen ist vielmehr: den Ort des Handelns, das Bedingungs-Feld für das Gelingen, in den Blick zu rücken, wodurch eine Tat – ohne die Hinterlassenschaft negativer Spuren – sich ereignen kann. Wie gesagt, Gutes zu tun vermögen wir in Wahrheit nur in der authentischen Gegenwart. Dafür ist das Gesammelt-sein vorausgesetzt, dessen Hindernisse die dualistische Sicht und das Ich-verlangen sind. Der wahren Sammlung allein, die hier die Lebens-Kraft selbst aktualisiert und manifestiert, ist das Gute eigen.[144] „… Was fragst du mich nach dem Guten? Einer ist der Gute. Doch willst du in das Leben hineinkommen, so wahre die Weisungen“.[145]

Anmerkungen

Anm. a: Wenn jemand, der in seiner Stellung – erzieherisch, beruflich, sozial, religiös – übergeordnet ist, aus der vermeintlich guten Absicht seine Entscheidung über die ihm Untergebenen trifft, können daraus für sie große Konflikte entstehen, durch die unter Umständen ihre Gehorsams-Basis unterminiert wird. In dieser Hinsicht stehen sie immer in einem zweifachen Konflikt: zum einen ist es der dem Vorgesetzten gegenüber geschuldete Gehorsam, zum anderen ist es der Gehorsam, den die betreffende Person dem Leben an sich und so sich selbst schuldet, was das fundamentalere In-der-Pflicht-stehen sein kann. Weil der Vorgesetzte – uneinsichtig in seinem Entscheiden – sich im Recht, ja in seiner Pflicht glauben kann, ist die Verständigung von vornherein unterlaufen, so dass, wird die Einsicht nicht geschenkt, Schaden unterwegs ist, und zwar für beide Teile. Aus dem dargestellten Sachverhalt wird viel menschliche Tragik geboren; nicht wenig Scheitern hat darin seine Wurzel. Im Verhältnis der Kinder zu den Eltern oder zum Lehrer, dem Untergeordnet-sein im Arbeitsverhältnis aber auch innerhalb hierarchischer Strukturen in religiösen Gemeinschaften können Entscheidungen fallen, Handlungs-Muster sich etablieren, die die Untergeordneten *in ihrem Person-sein* unterdrücken, verletzen und vielleicht sogar in eine tiefe – in manchen Fällen nicht reparable – Existenzkrise stürzen. Hierin haben die lebenslänglich nicht oder nur schwer bewältigbaren Beziehungs-Störungen oftmals ihren Ausgangspunkt und Nährboden. Das Absurde hierbei ist, dass dieser Zusammenhang in den meisten Fällen für die Schaden verursachende Person nicht einsichtig wird, werden kann, es sei denn, dass sie selbst einen Klärungs-Prozess durchläuft. Jedoch auch dem Verletzten bleibt die wahre Gestehungs-Ursache seiner Konflikte mit sich selbst, mit dem Umfeld und fast zwangsläufig mit dem Religiösen verborgen; ohne Klärungs-Prozess tritt auch für ihn der wahre Sachverhalt nicht zutage. Demnach ist im Handeln aus vermeintlich guter Absicht für viele Vertrauens-Störungen die Ursache zu suchen und zu finden.

Anm. b: Das Etwas, was sich in der vermeintlich guten Absicht unscheinbar einschleicht und handelnd wirksam wird, ist Neid und Anerkannt-werden im vermischten Herz; das Übelwollen, das als eine Tatsache daraus folgt, kann jedes wache Auge im Blick haben. Die Probe liegt in der Frage: kann ich mich wirklich freuen, dass es dem anderen gut geht. Die Einsicht in dieses Gemisch der Handlungs-Intentionen lässt sensibel werden für das Zwiespältige im menschlichen Herzen.[146] Neid gepaart mit Schadenfreude, von der der Volksmund sagt, dass es die schönste und reinste Freude sei, lenkt unseren Blick auf das Sediment, aus dem derartige Dünste aufsteigen und in dem das struktural Sündhafte wurzelt. Es ist Geschichtetes – Urgeschichtliches – in uns, in dem die Vermögen mit den Unvermögen verwoben sind und deshalb vermischt in Erscheinung treten. Der Schaden daraus ist beträchtlich, auch wenn seine Verursachung in vielen Fällen zunächst verborgen bleiben kann und harmlos zu sein scheint.[147]

Anm. c: Diese Muster etablieren sich aus dem individuellen und auch dem kollektiven Widersinn, dem Widerwillen gegen das *Leben-Selbst*. Der Schlüssel, sie zu entdecken und ihre Auflösung zu ermöglichen, liegt im Einzelnen selbst, insofern er dazu erwacht, mithilfe der Identität der Kern-$_F$ das Elend des Sündhaften zu durchschauen und daraus zu handeln. Es ist eine Illusion, zu glauben, im nach außen gerichteten Handeln das Allgemeine angehen zu können, ohne die eigenen Vergehen zu lichten. Aus Naivität – vermischt mit Raffinesse – richtet sich unser Interesse häufig darauf, die kollektiven Muster aufzudecken und zu verändern, um unserem ich-gesteuerten Intendieren seinen Handlungsraum zu ermöglichen; hinter der Vorgabe, es gehe um das Ganze, ist das eigene Wollen versteckt und stiftet weiterhin Schaden. Außerdem sind die im Kollektiv etablierten und wirkenden Muster von einer Komplexität, die ohne die Erfahrung der ihrer Entstehung zugrundeliegenden Gesetzmäßigkeit im Auflösungs-Prozess des Eigenen dunkel bleiben muss. Steht hier nicht Leben und Tod, mit anderen Worten, Ungerechtigkeit gegen Gerechtigkeit? Sie sind das Ereignis-Feld zwischen dem das, was sich ausschließt, und dem, was sich eint, in unserem In-der-Welt-sein wirkend zu bewältigen.

18 Misstrauen: das entzweite Herz, die zerbrochene Einheit

„Herr, ich habe dich kennen gelernt: Du bist ein harter Mensch. Du erntest, wo du nicht gesät, und sammelst, wo du nicht ausgestreut hast. Also beschlich mich Furcht; ich ging und versteckte dein Talent in der Erde. Sieh her, da hast du das Deine“.[148] Misstrauen ist als ein Keim in uns allen gesät.[149] Sobald wir eine das Vertrauen unterlaufende Erfahrung machen, kann dieses krankhafte Etwas in uns keimen. Das je spezifisch angereicherte Substrat als auch die Art und Häufigkeit der entzweienden Erfahrungen spielt hier zusammen. *Erwacht* dieses Etwas, so wird sein Störfaktor im vielfältigen Beziehungs-Netz wirksam, innerhalb dessen sich das Leben des Einzelnen vollzieht. Hierbei handelt es sich um einen Samen im menschlichen Herzen, der unser Leben verfälscht. Veranlasst durch das Erweckt-werden dieses Samens ist unser Dasein – unsere vernetzte Existenz – weitgehend tangiert, ja betroffen. Zumal unser Verwiesen-sein auf das *Leben-Selbst* hierdurch bewusst nicht wahrgenommen wird, kann die aus Misstrauen verursachte Feindseligkeit gegen den Urheber des Lebens erwachen: die Störung des Vertrauens überhaupt. In dem Maße, wie das Verwiesen-sein auf das *Leben-Selbst* ignoriert wird, ja sogar bewusst verdrängt ist, wird die hierdurch veranlasste und um sich greifende Vertrauens-Störung in das *Leben-Selbst* projiziert, was den so Handelnden dann als Selbst-Gericht einholt.[150]

In einer derartigen Projektion legt der Misstrauende fest, was und wie das *Leben-Selbst* sei. Denn das Grundübel, welches das Misstrauen stiftet, bindet uns in einer Haltung, die sich der Ursache allen Lebens – *Leben-Selbst* –, in dem alles gründet, widersetzt.[151] Eben dies nimmt sein Herz in Anspruch und suggeriert ihm: *verfüge das Leben, es ist dir eigen.* Der Versucher strebt danach, den innersten Lebens-Kern des Menschen – die Identität – zu verdunkeln [→ Mumyō]. Diese

Finsternis lässt ihn *wähnen,* es sei gut, dass sich das Leben getreu dem eigenen Wollen bestimme: so ein Wahn verführt, alles dem Abgott zu unterwerfen. Fest überzeugt wird nun geglaubt, das *Leben-Selbst* binde uns in Zwängen, die wir jedoch uns selbst auferlegen: genau diese Zwangsjacke ziehen wir uns an. Als dessen Konsequenz erfahren wir den Sinn unseres Mensch-seins bloß um seiner selbst willen, nicht aber um dessentwillen, „der da ist über allen und durch alle und in allen".[152]

Misstrauen verleugnet die Abkunft unseres Verwiesen-seins. Deshalb vermag sich ein inneres Einvernehmen mit unserer Herkunft nicht einzustellen. Im entstehenden Vertrauens-Vakuum etabliert sich Angst, jene Angst, die das Misstrauen stärkt und hiermit ihr wahres Gesicht zeigt.[a] Da in uns Misstrauen und Angst mit dem das Leben Verneinenden sich verbinden, werden bereits die erweckten Vertrauens-Keime untergraben. Misstrauen demaskiert sich im Nicht-annehmen dessen, was unverfügbar ist und doch unausweichlich lastet. Häufig ist dies die Ursache, weshalb das *Leben-Selbst* – dessen Gegenwärtig-sein in allem – missachtet und *Eigenes* als Ersatz erdichtet wird. Wäre das Herz nicht entzweit – frei von einem Selbst-Besitz –, könnte das Verwiesen im Erfahren wahrgenommen, als solches erkannt und angenommen werden, auch wenn die Früchte aus der zu tragenden Mühe nicht in Sicht sind.[b]

Misstrauen und Angst, durch die unser Leben nicht oder nur geschädigt sich entfaltet, sind die Ursache, weshalb wir stets mit dessen Folgen – Unfrieden und Furchtsamkeit – konfrontiert sind. Könnten wir unser So-sein, in das wir gesetzt sind, annehmen, dann würden wir erkennen, wie das Veranlagt-sein – unsere Fähigkeiten – nach dem Willen dessen, der uns leben lässt, zu entfalten sind.[c] In Wirklichkeit aber entziehen wir uns dem damit aufgetragenen Verpflichtet-sein, obwohl d*essen Setzen in die Tat* uns wohl den Sinn des Lebens erschließen würde. Ohne es zu erkennen, hat jener Diener – wie in Mt 25,24f sinnbildlich vermittelt – gegen das Leben gehandelt, indem er sein Talent vergrub. Hätte er dem Herrn vertraut, nämlich, dass *Er sammle, was Er ausstreute*, dann mühte er sich wie die anderen ab. Er dagegen geht so weit, dass er sogar sein eigenes Verhalten in den Herrn projiziert, indem er sagt: „Du bist ein harter Mensch. Du erntest, wo du nicht gesät und sammelst, wo du nicht ausgestreut hast“. Aus Furcht vor der Strafe intendiert er, keinesfalls dem Anschein, er habe etwas Unrechtes begangen, zu verfallen. *Säumig wie er ist*, erwartet er nun, dem anstehenden Urteil entgehen zu können. Darin, dass er die Gabe nur nach seinem eigen Dünken annehmen kann und will, zeigt sich sein zwanghaftes, autistisches Verhalten, das der Dynamik des Lebens widerstrebt. Jedoch, nur im Mühen aus dem Vertrauen auf das Lebens-Ganze lassen sich unsere Talente entfalten. Wer hierin den Sinn seiner Existenz sehen kann, der wird nicht misstrauisch, sondern nimmt alles an, was ihm widerfährt, sei es lieb oder leid; das entzweite Herz kann nur so zur Einheit zurückfinden: „Jedem, der hat – dem wird gegeben, ja überreich geschenkt“ erweist eben hier dann seine Gültigkeit. „Wer aber nicht hat, dem wird auch das, was er hat, genommen“,[153] will uns mahnen, verpasse unter keinen Umständen deine Lebens-Chance.

„das misztraun ist die schwarze sucht der seele“.[154] Hiermit will Kleist das, was im menschlichen Herzen – versteckt – west, enthüllen.[155] Wer das Misstrauen nährt, leidet große Qual. Es ist ein krankhafter Zustand, in dem eine zersetzende Kraft wirkt, weshalb ein misstrauisches Herz misst und abwägt in der Neigung, das ein Leben Ermöglichende und Tragende zu zerstören. Stets fällt es sein Urteil im Verdacht, hinter dem Tun oder Verhalten des anderen eine feindselig-hinterhältige Absicht zu sehen. Argwohn, der die unredliche Absicht hegt und den aus dem Ich-haften entspringenden Zweifel wach hält, untergräbt die Vertrauenswürdigkeit. Das aus Misstrauen im sogenannten Miteinander praktizierte *Zueinander* knotet in seiner Ausweglosigkeit, aus der sich der Mensch selbst nicht befreien kann, *eine Ausweiche*, um das Erfahrene letztlich in das *Leben-Selbst*, den eigentlichen Adressaten unseres Misstrauens, zu projizieren: „Das Murren [im Menschen] hat tiefe Wurzeln. Es ist nicht nur äußere Unzufriedenheit mit den Verhältnissen in der Wüste [der Welt], sondern letztlich Misstrauen gegenüber dem Heilshandeln Gottes. Das Gottesvolk ist nicht bereit, seine Geschichte als eine von Gott geführte und ins Heil führende Geschichte anzusehen. Es deutet seine Befreiungsgeschichte als Vernichtungsgeschichte... Dieses Grundmisstrauen bewirkt, dass es die überreichen Gaben Gottes... in ihrer Kostbarkeit gar nicht wahrnimmt, sondern sich nach den Fleischtöpfen der Unfreiheit zurücksehnt“.[156] Steigert sich Misstrauen, wird es zum Wahn, in dem das Ich-hafte derart dominiert, dass es in ein hass-erfülltes Dasein mündet: dem in sich entzweiten Menschen verschließt sich dadurch der Zugang zum Leben, den ihm das *Leben-Selbst* jedoch nach wie vor offenhält.

Die schwarze Sucht ist als *ein initiiertes Faktum* sehr schwer zu fassen. Sie ist das Unfassbar-Dunkle, welches das menschliche Herz verwirrt, um die Vertrauens-Basis zu unterminieren. *Bezwungen in einer unwiderlegbaren Suggestion wird der Mensch zum Werkzeug des irreführenden Wahr-seins*.[157] Auf Grund von Uneinsichtigkeit wird das eingelassene Irritiert-sein zur Erfahrung: *man möchte heraus und kann doch nicht*. Da der Lebens-Atem jetzt nicht mehr ungestört aus dem Grund fließt, kann das Selbst-Vertrauen nicht keimen; wird dieses Gewahrwerden zum Definitivum, mündet es in seinem Zermürben in Hoffnungslosigkeit. Das hier verborgene Wirken zielt auf Unterdrückung, auf Zerstörung, ja sogar auf Vernichtung; infolge des darin gebundenen Willens ist dessen *In-die-Tat-setzen*, das sich selbst einschließt, kaum thematisierbar und darum unentwirrbar. Im Versuch, das angedeutete Unentwirrbare zu entwirren, zeigt sich, dass jedem Sich-neigen hin zum Leben aber auch zu dem, das den Tod nach sich zieht, immer eine Initiation zugrunde liegt. Entsprechend dem aus der Neigung des Willens Erfahrenen verfestigen sich in uns die Grundmuster für Vertrauen oder Misstrauen.

Dass ein Mensch den anderen unterdrücken kann, hat seine Ursache im Entzweit-sein seiner selbst. Als eine offene Wunde drängt der innere Zwiespalt unablässig nach *Balsam,* um das bewirkte Leiden zu lindern. Die Begehr der in dieser Hinsicht uns uneinsichtig veranlassten Taten hält Ausschau nach Objekten, welche demzufolge in den Dienst genommen werden sollen; jedoch, dadurch nimmt das Leiden nicht ab, sondern zu, indem der Drang nach Unterdrückung sich verschärft. Verbindet sich die offene Wunde mit Misstrauen, so trachtet der Mensch zwangsweise um deren Linderung willen danach, den anderen ebenfalls in sein feindseliges Verfasst-sein hinein zu ziehen. Das Ansinnen, durch ein derartiges Opfern die eigene Kluft zu überbrücken, ist Wahnwitz, als könne er durch dieses Trachten den anderen unter seinen Einfluss, alles zu verdinglichen, bringen. Wer so handelt, schließt sich vom Fluss des Lebens aus; die dem Leben sich widersetzende Kraft geht letztlich mit seinem *Selbsthass* einher. Hierdurch wird die Entzweiung seines Herzens abgründiger und sein Einsicht-nehmen verblendeter: die Finsternis – Mumyō – vertieft sich. Auf diese Art vermeidet er unbewusst jede Berührung seiner Wunde. Es ist auch *ein Gesetz der zerstörerischen Kraft,* von der wir nicht frei sein können; nur von da her ist unser zwanghaft-dunkles Verhalten, ja, unser in sich verkrümmtes Dasein aufzuschlüsseln.[d]

Diese negative Grund-Kraft führt in die Zerstreuung,[158] denn in ihr kann der Mensch das Erfahren eines trügerischen Frei-seins machen. Aus der Aneignung *jener fremden Kompetenz* ist er sich selbst zur Mitte geworden. Jedoch, *Frei-sein aus Zerstreuung* ist nichts anderes als eine Flucht vor dem wahren Frei-werden in eins mit dem *Leben-Selbst.* Weil sich der Mensch hierdurch vom Leben ausschließt, nimmt er einen irrealen Ersatz als real, der für ihn währen soll als ein Etwas, das die Zeit überdauert. Auf diese Art sind unser Wahr-nehmen und Bewusst-werden von dem gesteuert, was im eigenen Ansinnen liegt. Diese Tatsache, die uns eigentlich verwehrt ist, will das *Leben-Selbst* uns erschließen, damit wir erkennen und annehmen, wie tief wir gefallen sind: es ist das Auftun dessen, was uns zuvor verschlossen war.[159] Die authentische Gegenwart – Christus – trachtet unermüdlich, die Entzweiung aufzuheben, um uns den Weg zur Kehre zu ebnen: das Verirrte soll in die Lebens-Einheit heimgeführt werden.[160]

Was in uns sich wenden soll, ist das Verhältnis der Differenz zur Identität der Kern-$_{F}$. In jener nistet das Leben-verneinende, das wir eigentlich nicht kennen, vielleicht sogar nicht wahrhaben wollen, weil dies uns keineswegs akzeptabel zu sein scheint. Das hier benannte Problem-Feld charakterisiert in Wirklichkeit die Finsternis in uns, die wir aus Unwissen – Mumyō – ableugnen. Deshalb ist es möglich, die Identität – *das Etwas in uns gegeben für aller Dinge Grund und Leben* – zu ignorieren: ohne dessen Folgen im Blick zu haben. Zwar ist in der Identität das Verlangen nach Einung mit dem *Leben-Selbst* grundgelegt, aber das ich-hafte Begehren in der Differenz eignet sich jenen Impuls an, *um sich mit der fassbaren Welt zu einen*. Da *das Schein-einen* uns willkommener ist als jene Einung, die ohne rechtes Selbst-erkennen uns nicht zukommt, gelingt es dem Ich-haften, dass es in seiner Aktualisierung *die authentische Einung* parallelisierend als Täuschungs-Mittel benützt. Dies kann den Menschen, indem er sich mit dem die Identität verneinenden Moment identifiziert, dazu bringen, die Differenz zu verabsolutieren. Ein entscheidender Grund für diesen Sachverhalt liegt im mentalen Bewusstsein, das gekoppelt mit der Differenz seine Information verarbeitet und unser Erfahren bestimmt; das Darüber-hinaus wird deshalb hintertrieben. Florierte die Differenz als der Lebens-Grund selbst, dann ließe sich das menschliche Verhalten in das Gefüge unseres Daseins eher einordnen, dem ist jedoch nicht so. Jedoch, gäbe es jenen Lebens-Impuls in der Identität nicht, könnte das ich-hafte Verlangen in der Differenz nicht keimen. Übersehen wir hier nicht, jeder Akt schöpft seine Kraft aus jenem authentischen Verlangen: es ist der Wirk-Impuls des Lebens an sich, aus dem selbst das ihm Sich-widersetzende seine Kraft nimmt; ein Faktum, das in seiner Absurdität nicht mehr zu begreifen ist.

Das die Identität Negierende ist verursacht aus dem lebensfeindlichen Keim in der Differenz, von der jene als solche nicht wahrgenommen wird, denn sie schreibt sich selbst zu, authentisch zu sein. Der daraus entstehende Spalt in der Kern-$_F$, der Raum gibt für das Hindernis, ist selbst konstitutiv für das Nicht-vertrauen-können. Das ich-hafte Verlangen missachtet das in allem gestiftete Leben, ihm missfällt die Wahrheit, deren Vernehmen es sogar dem anderen missgönnt. Der Anspruch der Differenz – bewirkt aus Misstrauen – hat Angst zur Folge. Den auf das *Leben-Selbst* Vertrauenden kann dagegen die Angst nicht bezwingen. Angst ist das Fahrzeug – die treibende Kraft – des Störenden, ja Zerstörenden schlechthin; als eine Projektion ist sie wesentlich an der Vergiftung unserer Kehre – hin zum *Leben-Selbst* – beteiligt. In ihr verfängt sich der Projizierende selbst; es ist die durch sie entfesselte Unruhe im Herzen, die verhindert, das Untergründige zu durchschauen. So befangen wird die Stimme der Identität, das Leben mitzutragen, von uns nicht vernommen: das in Wahrheit waltende Gesetz des Lebens annulliert dessen Verwirklichung. Hier ist zu sehen, wie das Misstrauen den Lebensnerv trifft und sich als Störung auf unsere Lebens-Bezüge überträgt.

Das im Leben Grundgelegte, *das Ich und der Andere* wird aus Argwohn, was auf Misstrauen folgt, zum *Ich wider den Anderen.*[161] Unser gestörtes Zueinander als Geschöpf spiegelt das eigentliche Gestört-sein zum Schöpfer. Also ist der Himmel der eigentliche *Ziel-Ort,* gegen den unser Misstrauen sich richtet. Wir antworten dem Urheber des Lebens mit Hadern, weil wir unser Ausgeliefert-sein, das sich dem Zugriff entzieht, nicht annehmen können: in Ungehorsam gepaart mit Misstrauen tut sich das entzweite Herz dar. Das Angenommen-sein, das wir als Ausgeliefert-sein deuten, wird negiert. Deshalb liefern wir uns somit selbst dem dunklen Wirken aus und vertauschen das, was das Leben verbürgt, mit dem Tod.[162]

Die aus Misstrauen das *Leben-Selbst* abweisende Grundstimmung im Menschen zeigt ihr Wirkfeld dort am deutlichsten, wo die Voraussetzung allen Verzeihens – das erbarmende Handeln Gottes – nicht empfangen werden kann.[163] *Das Nicht-annehmen-können hat unsägliche Qual zur Folge.* Der scheinbar nicht aufhebbare Unfrieden – uns zugänglich aus dem nicht ausgesöhnten Erfahren im Miteinander – zehrt das Vertrauen aus und zermürbt die Lebens-Kraft. Solange wir auf unserem *Nein-Danke* beharren, nähren wir die Illusion, von uns aus vergeben zu können, und sehen nicht ein, dass der Akt des Verzeihens uns geschenkt werden muss: Vertrauen lässt das Tor zum Leben, verschlossen aus Misstrauen, auftun.[164] Aber auch zu kalkulieren, diese Gabe könne heuchlerisch empfangen werden, um das uns knechtende Leiden aufzuheben, führt weiterhin in die Versklavung. Dieses egoistische Verhalten ist nichts anderes, als das Erbarmen nur für sich zu beanspruchen, so dass der Nächste, der ebenfalls seiner bedürftig ist, davon ausgeschlossen wird: hier zeigt sich, wie tief die Wurzel des Haftens an sich selbst ist.[165] Das Nicht-verzeihen-können verzehrt das uns aus der Lebens-Kraft zufließende Rüsten, dessen Tribut letztlich den Tod zum Gefolge haben kann. Jedoch: die Hoffnung, dem das Leben negierenden Kreislauf zu entkommen, ist in uns gestiftet. Je untrüglicher wir uns für den Weg aus der Schlinge entscheiden, desto belangloser wird *der Anspruch des Ichseins.* Also, das Dasein selbst zu bewältigen, erweist sich als ein paradoxes Ansinnen.

Misstrauen – nicht zu verwechseln mit dem gesunden, wachen Blick für die Realität des Lebens – lehnt die Wahrheit ab.[e] Dennoch tarnt es sich mit *Wahrheiten,* um seine Herrschaft auszudehnen. Das angebliche Wohlwollen kann in der Handlungs-Absicht so zum Mittel der Unterdrückung werden.[f] Die Erfahrung zeigt, dass wir solch ein Tun zunächst als harmlos betrachten, da derartige Akte ihr wahres Gesicht erst im Nachhinein als Pression offenlegen. Diese Art lügnerischen Verhaltens ist eine sehr gängige Praxis, wodurch das zwischenmenschliche Vertrauen sehr belastet ist. Daraus ist zu lernen: eine selbstlose Tat gibt es kaum. Werden wir eines derartig verwerflichen – in seiner Absicht zwanghaft gebundenen – Verhaltens einsichtig, von dem frei zu werden uns übersteigt, dann ahnen wir, weshalb der wiederholt absichtslose Akt des Verzeihens grundlegend ist, um dem Herrschafts-Anspruch über den anderen zu entgehen. Eigentlich will sich die Tatsache im existentiellen Erleben, wie uns vom Himmel her verziehen ist, zugänglich werden: in der Gegenwart ohne Objekt ereignet sich dies als wahrer Vollzug in ein und demselben Akt.[166]

Wer anderen – ihnen misstrauend – nicht verzeiht, unterdrückt sozusagen sich selbst, da er sich von dem, das sein Leben konstituiert und erhält, trennt und somit sich selbst verwirft: anstelle der Selbstverwirklichung tritt die Selbstzerstörung. Hier kann aufleuchten, was geschieht, wenn der Einklang mit dem *Leben-Selbst* fehlt. Senkt sich eine solche Einsicht tief ins Herz und bleibt bewusst, kann sie zum Anlass der Auflösung von Dispositionen werden, die in Misstrauen binden. Misstrauen jedoch missbilligt grundsätzlich das Ja zu jenem Einklang und lässt hiermit den Weg seiner Erschließung – durch die tägliche Übung – missachten. Die aktive, tatkräftige Haltung der gegenseitigen Annahme führt zum Heil-werden des in uns Verwundeten. Das Ja weist den Weg zum Lebens-Quell, ja dorthin, wo allem Misstrauen jeglicher Anlass entzogen ist.[167]

Anmerkungen

Anm. a: Weshalb handelt jener Diener so? Aufgrund des beeinträchtigend-schädigenden Einflusses seines Erkennens, das gefärbt, ja verschmutzt ist, ist sein Wille in Angst gebunden und deshalb unfrei, wodurch sich sein derartig weiteres Handeln selbst reproduziert. Zuwiderhandeln gegen das Leben, verursacht aus Misstrauen, trübt das Erkennen und hat Angst zur Folge, weil sich hierdurch im Menschen eine Spaltung in seinem Grund vollzieht, was das ichhaft-befangene Dasein nährt. Besonders in der misslungenen Absicht, ohne dass deren Früchte sichtbar werden, suchen wir den Schuldigen; in ihr, wenn unser Leben nicht oder nicht mehr in den vorgestellten Bahnen sich ereignet, keimt leicht Misstrauen, was sich dann als Widerstand gegen jemand oder etwas zeigt, ja, als Hadern mit den Lebens-Umständen und deren leitenden Prinzipien.

Anm. b: Das geeinte Herz ist das in Wahrheit – mit sich und so mit allem – versöhnte Herz: der aus Ich-Anhaftung im Gefolge sich einstellende Unfriede ist aufgelöst und das den Glauben Ermöglichende ist jetzt nicht mehr unterdrückt noch ersetzt: „Ich bemühte mich nicht darum, geliebt zu werden. Es beschäftigte mich nicht, was man über mich sagen oder denken könnte. Ich war allein bemüht, Gott zufriedenzustellen, und dies ohne den Wunsch, dass meine Bemühungen fruchten. Ja, man muss das Gute um sich herum aussähen, ohne sich darum zu kümmern, ob es wächst. Für uns die Arbeit, für Jesus den Erfolg. Wir dürfen den Kampf nicht fürchten, wenn es um das Wohl des Nächsten geht".[168]

Anm. c: Es gibt die Menschen, die ihre Fähigkeit wegen der Störung ihrer Genealogie nicht recht entfalten können oder die dieser Möglichkeit durch die Umstände beraubt sind. Obwohl sie sich bemühen, vermögen sie nicht, ihr Schicksal zu wenden. In solchen Fällen bleibt ihnen nur noch die Hoffnung, indem sie auf das Erbarmen Gottes völlig vertrauen. In solchen Fällen bleibt ihnen nur noch das Erbarmen Gottes, auf das sie ihre ganze Hoffnung setzen können.

Anm. d: Es gibt Bedrängnisse für uns, die aus der Verflechtung des Lebens entstehen, innerhalb derer es jedoch nicht bewusst um Unterdrückung oder das Hineinstoßen des anderen ins Negative geht. Die Annahme täglicher Mühsal kann Reifung und Lichtung für und in uns bewirken; von dem, was als Widerspruch gegen das Leben und so gegen den anderen steht, ist hier nicht die Rede. Das hier skizzierte Handeln dagegen trägt in sich die Absicht, das Leben an seinem Gelingen in Übereinstimmung mit dem *Leben-Selbst* zu hindern. Es ist der Versuch, zu zeigen, was die Motive eines derartigen Handelns sind.

Die scheinbar unschmutzige Art, den anderen aus dem Weg zu schaffen, hat das Ziel, die Spiegel-$_{p}$, in der sich das Unwahre in der Wahrheit spiegelt, zu tilgen, um dem, woran man selbst letztlich leidet, *dem Neid*, der in den meisten derartigen Handlungen der eigentliche Auslöser dafür sein dürfte, seinen Spielraum zu gewähren. Wer andere dieser Art in Bedrängnis bringt, vergeht sich schwer am Leben eines Menschen. Weshalb? Weil der in Bedrängnis Gedrängte zu Handlungs-Zwängen genötigt ist, darin gebunden Entscheidungen trifft, die seiner Einsicht dessen, was gut wäre, dass es geschehe, zuwiderlaufen können. Im Versuch, zu überleben, perpetuiert sich seine Bedrängnis. Aus Selbst-Leiden kann das Verlangen erwachen, durch Genugtuung aus der Leidens-Erfahrung eines anderen von dem abzulenken, was einen selbst am Leben hindert: der Neid. Gerade dort wo Menschen ausdrücklich versuchen, sich in das Lebens-Ganze – das Religiöse – zu stellen, können sie die Erfahrung machen, dass Neid der primäre Störfaktor für das Gelingen auf diesem Weg ist. So ist es letztlich der zum Habitus gewordene Neid, aus dessen Sumpf das Misstrauen aufsteigt.

Im Hineinziehen anderer in das Leiden, das sich zum Selbst-Zweck gewordene, liegt die Absicht, den ihm zugrunde liegenden Irrtum bestätigt, ja gerechtfertigt zu erhalten: eine Rechtfertigung, die den erfahrenen Unfrieden aus Widerspruch zum Leben befriedet im Verlangen, die Wirk-Mächtigkeit des Unwahren – seine Aktualisierung als Widerpart der Wahrheit – manifest werden zu lassen. Indem das Wahre relativiert wird, soll dem Unwahren Anerkennung, ja volle Daseins-Berechtigung zukommen. Leiden um seiner selbst willen, was uneinsichtig irrealen Lebensersatz verkörpert, wird somit notwendig zum transmittierenden Lebens-Inhalt, an dem möglichst viele partizipieren sollen. Dass hiermit für den Verursachenden eine gewisse Befriedigung einhergeht, ist – obwohl als Faktum geleugnet – offensichtlich; die gesuchte Genugtuung ist der eigentliche Antrieb in diesem ganzen Geschehen.

Anm. e: Misstrauen begegnet der Wahrheit grundsätzlich argwöhnisch, obwohl diese ohne Falsch sich stets erbarmend zeigt. Hierdurch macht es sie zur Lüge [169]: indem die Lüge sich als wahr ausgibt, soll das Wahre der Lüge überführt werden. Deshalb, wer dem Leben-Selbst misstraut, macht es zur Lüge, Gott zum Lügner. Diese Vertauschung entpuppt sich nicht nur in ihrem Ergebnis, ihren Früchten als Lüge, sondern es ist der Wahrheit an sich eigen, dass sie als solche Bestand hat und gerade dort, wo man sie der Lüge bezichtigt, sich als Wahrheit erweist. Die Wahrheit erweist sich vor allem von der Lüge dadurch unterschieden, dass sie nicht gebunden ist in der Zeit; die Lüge dagegen ist zeitgebunden. Da unser Verstehen ebenfalls zeitgebunden ist, hat die Lüge eine Chance, aufgrund der hiermit gegebenen Beschränkungen über das Verstehen mit uns zu korrespondieren: unsere Uneinsichtigkeit lässt die Lüge ein. Hierdurch wird gerade der Misstrauende selbst zum Lügner.

Anm. f: „Ideologien, die sich am Menschen ausgetobt haben, verlassen ihn, wie ein böser Traum den Erwachenden verlässt. Die Erinnerung an sie ist bitter. Der Mensch ist durch sie nicht reifer, nicht stärker, nur ärmer, nur misstrauischer geworden.“[170]

19 Unversöhnt: das Unvermögen zu verzeihen

„Herodias aber war ihm [Johannes] gram und hätte ihn gern getötet".[171] Sucht die Unversöhntheit in ihrem Sich-selbstsetzen nach einem Freiraum für die entsprechende Tat, dann hegt so ein Herz rastlos den beabsichtigten Racheakt, bis er vollzogen ist. Dass ein Verzeihen dem Unversöhnten so schwer oder vielleicht überhaupt nicht möglich ist, hat seine Ursache im Besitz-ergreifen des Erkennens durch das Dunkle. Denn in dem Maße, wie wir mit der egozentrischen Welt uns identifizieren, nimmt die Finsternis in uns zu; das Sichöffnen für ein Zueinander ist erschwert, in seiner Folge daraus wird der andere gerichtet. Um aus dem Ganzen in seiner ihm zugrunde liegenden Gesetzmäßigkeit unser Leben zu bestehen, muss uns die Ordnung des Kosmos gegenwärtig sein. Alles, was uns umgibt, ist aufeinander hin geordnet, jeder Akt trifft letztlich die ganze Schöpfung: was mit dem Leben in Einklang steht, lichtet sich; was sich ihm widersetzt, wird verdunkelt. Ohne den eigentlichen Sinn – in der Welt zu sein – im Blick zu haben, vermögen wir nicht zu fassen, wie fundamental die Versöhnung ist.[172]

Könnten wir *das Sich-behaupten in der Welt* wahrlich erfassen, dann wäre die Notwendigkeit des Sich-versöhnens in all unserem Tun und Lassen auf die natürlichste Weise gegenwärtig. Je tiefer wir das Mitsamt zu fassen vermögen, desto deutlicher vernehmen wir die Identität der Kern-$_F$, nämlich deren Lebens-Impuls zu folgen. Der Prozess der Aussöhnung hängt davon ab, uns selbst unser interessen-orientiertes Kalkulieren – gebunden in Unwissen – einzugestehen. Da wir jedoch des eigentlich Identischen entbehren, kreieren wir ein pseudo-identisches Idol, mithilfe dessen wir den Akt des Aussöhnens umgehen, ja sogar verneinen; so kann dieses Idol uns in seine Schlinge ziehen. Unwissen und Unversöhnt-zu-sein setzen wie ein untrennbar scheinendes Geschwisterpaar ihre Akte: es geht dringend darum, dem weiteren Verfinstern Einhalt zu gebieten.

Das Nicht-verzeihen-wollen hat seinen Grund in der Feindseligkeit. Der Ego-Wille, der sich in seinem Beharren gestört erfährt, erhebt deshalb seinen Anspruch. Im Nicht-verzeihen-wollen ist oftmals ein innerer Drang nach Rache als Genugtuung für die erfahrene Ich-Verletzung am Werk. Diese innere Haltung, unfähig zu verzeihen, kann sich zum Lebens-Inhalt – zur Sinnfindung im Etwas-sein-wollen – stilisieren. Dass der Mensch es nicht erträgt, nichts zu sein, zeigt er im Sich-überheben über andere. Diese innere Unaufrichtigkeit berührt etwas, das nicht aufgedeckt werden soll: die Lebens-Lüge. Möge doch das Einsehen – *je stärker der Ich-Anspruch ist, desto unversöhnter sind wir* – in unserem Tun und Lassen gegenwärtig sein! Denn das Ichzentriert-sein verursacht die Entzweiung der Kern-$_F$ – Identität und Differenz –, in deren Kluft jede Art von Unversöhnt-sein nisten kann.

Das Nicht-verzeihen-können birgt in sich ein Moment, das die tragenden Fundamente unseres In-der-Welt-seins, nämlich *Demut und Liebe*, vergiftet. Für den Frieden des Herzens fehlt die Voraussetzung: wahre Demut ist mit Dienen, das sich selbst sucht, und authentische Liebe mit Sich-ergötzen vertauscht. Deshalb begegnet wahre Demut uns nur sehr spärlich und authentische Liebe ist unserem Blickfeld fremd. Sollten wir doch nicht gerade durch sie für das Überzeitliche reifen? Dafür blind, wie wir sind, ist es kein Wunder, dass wir von uns aus – trotz der Mühe – den Akt des Verzeihens nicht zu vollziehen vermögen. Denn der äußere Frieden kann sich erst dadurch, dass im Inneren Frieden einzieht, einstellen. Wir dagegen glauben in irrtümlicher Weise und sind überzeugt, äußerer Frieden sei ohne den inneren machbar. Alle Akte, veranlasst aus dem Anspruch *„ich kann es machen"*, müssen hier scheitern, denn das Zu-lösende entzieht sich unserem Verfügen-wollen. Um das Etwas, was uns vergiftet, zu entgiften, darum kümmern wir uns wenig. Warum? Weil es diesem Etwas – aus der Ur-Störung, die hier am Werk ist – gelang, in uns Hausrecht zu haben, ja um des seelischen Todes willen uns zu verblenden.[173] Unser Herz soll wie vergiftete Erde, die deshalb nur noch die mit dem Gift verträglichen Gewächse hervorbringt, entgiftet werden. Das Vergiften kann mit einem Akt geschehen, dagegen ist das Entgiften unseres Erdreiches – des Herzens – langwierig und mühsam. Das Gift im Herzen vermehrt seinen Einfluss wie eine ansteckende Seuche, gegen die wir kämpfen müssen: das ist der von uns einzulösende Teil. Der von uns unberührbare Teil muss durch das *Leben-Selbst* bewältigt werden. Ohne dieses Geläutert-werden kann es – trotz unseres Wollens – nicht gelingen, uns von Herzen zu versöhnen. Hierin liegt der Grund dafür, dass das Misslingen uns nicht verlässt. Verzeihen können wir, indem wir uns in das Mitsamt des Lebens fügen und daraus wirken.

Geneigt-zu-sein für das Mitsamt des Lebens kann uns durch *Übung und Verzicht* zukommen.[a] Wagen wir den hiermit intendierten Shugyō-Weg, dann schauen wir in uns die eigene und fremde Schuldlast, die sich wie ein Kloß gebildet hat und unseren Charakter mit verkörpert. Je weiter wir den Weg gehen, desto deutlicher wird das Gewahr-werden des Ineinander unserer zwiespältigen Bürden. Sie auf sich zu nehmen, ist eben der Anfang des Aktes der Versöhnung. Das Unversöhnte in Versöhntes zu überführen, dafür müssen im Vollzug der Wende – von jenem zu diesem – dessen Gestehungs-Akte sich vergegenwärtigen. Sodann erkennen wir, wie gerade das, was dem Leben entgegen gerichtet schien, zu einer Lebens-Chance werden kann; dieser Zuwachs wäre ohne die zunächst gemachten schmerzhaften Erfahrungen ausgeblieben. Hier schauen wir das Vergangene, welches sowohl das Gegenwärtige als auch das Zukünftige beeinflusst. Wie können wir befreit werden von der nicht versöhnten Vergangenheit, die immer mit einem spezifischen Adressaten, seien wir uns dessen bewusst oder nicht, verknüpft ist? In der wahren Sammlung! Unser Fixiert-sein, bezogen auf ein bestimmtes Objekt, steht der Sammlung – der Gegenwart ohne Objekt – entgegen. Nur in ihr lässt sich das Objekt-hafte lösen, denn: „Wer nicht mit mir – gegen mich ist er. Und wer nicht mit mir sammelt – der zerstreut".[174]

So geschieht in der Tat das Aussöhnen. Der aufrichtige Wille, der in der Gegenwart ohne Objekt erweckt werden muss, schaut Schuldhaftes, Zu-unterscheidendes und ungeordnet Verschlungenes. Was ungelöst ist, uns bedrängt oder vielleicht sogar anklagt, muss nicht mehr *differenz-orientiert* festgehalten werden, weil wir nun – aus dem *Identischen* gestärkt – fähig werden, es anzunehmen und zu übergeben. Das hier angefragte Fähig-werden ist eine Folge aus der Einsicht des eigenen Mangels, ja des Versagens. Wie könnten wir – *einstimmend in unser derzeitiges Gewahrsam* – die eigene Abgründigkeit in uns selbst vergegenwärtigen! Das echte Versöhnen ist doch unumgänglich; allerdings, dieses Erringen als einen ausschließlichen Akt des Willens zu sehen, würde uns vom Verwiesen-sein auf das *Leben-selbst* ausgliedern.[175]

Wie schon gesagt, der Mensch vernimmt zur Versöhnung insofern den Ruf, als er sich kehrt in seinen Grund. Erst im Sich-kehren wird uns bewusst, was sich an Un-versöhntem in uns findet. Existentiell kann sich die Kehre nur im authentischen Hier und Jetzt vollziehen, denn das Sammeln ruft die Kehre hervor. Geschieht die Umkehr wirklich, dann ist das ein Beweis, dass die Sammlung echt ist: eine Gewissheit, dass in der Kehre etwas ist, das uns im Sammeln aufnimmt. Ist das nicht der Aussöhnungs-Akt des *Leben-Selbst?* Eben in diesem Aussöhnen erfahren wir zuunterst unser Unversöhnt-sein mit uns selbst, mit allem und letztlich mit dem Urheber des Lebens, was uns zutiefst demütigt: „Selig die aus dem Geiste Armen [dem Ich-Willen Erstorbenen], denn ihrer ist das Königtum der Himmel".[176]

„Sammlung geschieht auf Versöhnung hin".[177] Der erste Schritt auf dem Weg zur Versöhnung, mit dem wir beginnen müssen, *kommt uns kraft des Zuspruchs des Not-wendendenden zu*. Dafür sind alle uns gegebenen – bislang zerstreuten – Vermögen zu bündeln, wie wäre es sonst möglich, das in uns Angehäuft-gespeicherte zu durchdringen. Um den Gordischen Knoten zu lösen, ist der lautere Wille, der sich selbst – mit alldem, wie wir geworden sind – annimmt, unabdingbar. Die Annahme seiner selbst entwirrt das Geneigt-sein, die Schuld den anderen und dem Himmel anzulasten; wer weiß schon mit aller Klarheit, was an Feindseligkeit – uns vielfach nicht bewusst – in uns lastet. Soll sich uns die Tür aus dem Zwanghaften öffnen, um auf dem uns tragenden Grund wirklich zu stehen, so ist die einzuholende Kraft aus dem in die Tat gesetzten Versöhnung-Akt unerlässlich. Wer mit sich selbst befriedet ist, kann den anderen verzeihen. Ist es doch nicht so, dass das Unerlässliche für die Aussöhnung durch das *Leben-Selbst* uns zukommt: das Angenommen-sein deckt das, sich selbst nicht anzunehmen, als Anmaßung auf. Sich selbst erlösen zu wollen, vermehrt die entsprechenden Dispositionen, die unsere Lebens-Kraft auszehren. Zweifelsohne, dass wir eigentlich dem Versöhnen nicht mehr ausweichen dürfen, will uns hiermit gesagt sein.[178]

Nicht auszuweichen heißt Sich-wagen. Stirbt der alte Mensch, so kann er neu geboren werden: willig zu sein ist hier das durchaus von uns geforderte Opfer. Jeder Tag, ja jeder Augenblick soll für uns eigentlich neu sein, dafür bedarf unser Unterwegs-sein stets eines Ansporns aus dem Lebens-Impuls. Ein neuer Anfang setzt immer voraus, dass *das Lebens-Wasser*, das die Wunden zu heilen vermag, aus dem Grund noch fließt. Dieses Fließen eröffnet uns eine über das konkrete Leben hinausweisende Wirklichkeit, die danach dürstet, uns mit allem zu versöhnen, was uns widerfuhr. Leider gibt es auch Menschen, deren Impuls zur Versöhnung bereits im Keim erstickt scheint, dies aufgrund ihrer gezielt fixierten Intentionalität. So kann, wenn Wille und Vernunft erkrankt sind, die Aufforderung zum Neuanfang sogar zur Farce werden. Allein, wenn das Vertrauen, das vielleicht fast erstorben war, erwachen kann, dann vermag der Mensch auch von den ihm zugefügten Verletzungen und Schädigungen zu gesunden, mit anderen Worten, fähig werden, zu verzeihen.[b]

Verzeihen-sollen, aber nicht -wollen – eine Erfahrung, die vielfach gemacht wird – kann an dem Unterfangen liegen, dass das Vertrauen auf das Leben-Erhaltende unterlaufen ist. Vor allem ist es für uns schwer, wenn wir weggeben, dem anderen uns mitteilen, ihn mittragen, ihm so Lebens-Chancen eröffnen und dann erfahren müssen, dass so ein Mensch sich gegen uns verhält, um unser Leben aus welchem Grund auch immer zu untergraben: er wendet sich genau durch das Erhaltene gestärkt nun gegen uns. In einer derartigen Erfahrung berühren wir die Kern-Frage des Mensch-seins: sein tragendes Moment zielt auf das Verzeihen als einen universalen Akt. Deshalb muss das Verzeihen den Engpass – über das konkret Persönliche hinaus – durchschreiten, sonst kann es nicht nur nicht echt sein, sondern dadurch spricht sich der Mensch das Sein im Mitsamt selbst ab: auf diese Weise steht er auch – oftmals dessen nicht bewusst – *gegen die Erlösungs-Tat Jesu.*

Das ist das eigentlich Schwere, das den Akt der Versöhnung so sehr belastet: wenn er sich ereignet, hält das Anlastende ihn an der Oberfläche und lässt ihn nicht in seiner ganzen Tiefe geschehen. Mit der Bürde auf der eigenen Schulter stoßen wir an unsere Grenze, dennoch scheint uns das Zu-hilfekommen des Lebens unannehmbar zu sein. Diese erfahrene Schranke markiert das ich-hafte Wollen in unserer verengt-innerweltlichen Sicht. Im Bemühen aber, den Überschritt des Versöhnens zu riskieren, wird seine Konsequenz deutlich, nämlich die Aufforderung, die Last des anderen mitzutragen.[179] Haben wir selbst unser Getragen-sein in gültiger Weise nicht im Blick, wie könnten wir fähig sein, die Last anderer mitzutragen. Hier handelt es sich nicht nur um die Last der alltäglichen Lebens-Bewältigung, sondern vielmehr um das Erdrückende und am Lebens-Impuls Nagende. Über die ichhafte Welt hinaus dem anderen in gültigerer Weise zu begegnen, ist eben Versöhnen. Dessen Beweggrund ist, dass wir die unlösbare Last selbst im Angenommen-sein vom *Leben-Selbst* tief erfahren und sie Ihm übergeben; sein entgegen gesetztes Verhalten wird uns in Mt 18,23-35 vor Augen gestellt.

Im Verhältnis der Differenz zur Identität liegt für die Aussöhnung ein entscheidendes, nicht zu unterschätzendes Moment. Indem die Differenz *das Überlegen-sein der Identität* aberkennt und sich selbst den Vorrang zuspricht, bildet sich in ihr der Humus für das Unversöhnte, ohne dessen Auflösung Versöhnen schwerlich geschehen kann. Das Zu-versöhnende befindet sich im zeit-bedingten – differenz-gesteuerten – Feld der Dispositionen, dagegen kann sich der Akt des Versöhnens aus dem zeit-freien Impuls der Identität ereignen. Erkennt die Differenz ihr Verwiesen auf die Identität nicht, so kann sie, dass sie angenommen ist, um ihrer Selbstheit willen ablehnen, ihr eigenes Recht ausüben und die anderen richten. Das in ihr eingelagerte Dunkle, in dem das All-unversöhnt nistet, ist durch Shugyō zu lichten. Eben das Lichtende ist das authentische Wirken der Identität. So wird sie ihrerseits teilhaftig an der Läuterung der Differenz. Je lauterer die Differenz wird, desto deutlicher erkennt sie ihr Nichtig-sein als Geschöpf. Nimmt sie diese Tatsache willig an, so kann sie – *zugeordnet* – aus der Identität wirken: dies wäre die authentische Kern-$_F$; unter ihrem Einfluss versöhnt sich Zeitliches mit dem Überzeitlichen. In dessen Charakteristik ist das Versöhnen *zeitgleich* als ein ordnungsgemäßer Akt, der sich immerzu ereignen muss, gegeben; wie könnte sonst ein Versöhnen über sich selbst hinaus verweisen. Allein die Identität, die über alles Geschaffene hinaus offen sein kann, weist uns den Weg zum äußersten Akt aller Versöhnung: „Denn es hat der Allfülle Gottes gefallen, in ihm zu wohnen, und durch ihn zu versöhnen das Allsamt – auf ihn zu, indem er Frieden schaffte durch das Blut seines Kreuzes: sei es dem, was auf der Erde, sei es dem, was in den Himmeln – durch ihn"[180]

In der Identität – ihrer zuvor offengelegten Charakteristik – ist es gegeben, dass sich Versöhnung in dreifacher Hinsicht ereignen will: es ist unser aufzuhebendes Zerwürfnis, das uns selbst, den anderen mit allem Geschaffenen, sowie das *Leben-Selbst* verkennt und deshalb unsere Lebens-Chancen mindert. Der existentielle Grund, durch dessen Lebens-Wille unsere ich-zentriert verdinglichte Welt überschritten werden kann, ist eben in der Identität gegeben. Indem ein Mensch sich einfindet in die authentische Gegenwart, findet er erleidend sein wahres Selbst. Objekt-frei begegnet er hier und jetzt dem Gegenüber, was ihn letztlich auf das *Leben-Selbst* hin öffnet. In diesem Grund eint sich jener dreifache Bezug, der zuvor als Gegensatz wahrgenommen wurde. Das universale Moment des existentiellen Grundes offenbart sich erst im Bewahrheiten der dreifachen Versöhnung, dies in Analogie zur Versöhnungs-Tat Jesu: „Das Allsamt aber geht von Gott aus, der uns durch den Messias mit sich versöhnt und uns den Versöhnungsdienst gegeben hat. Nämlich: Gott war es, der die Welt im Messias mit sich versöhnte, indem er ihnen ihre Verfehlungen nicht anrechnet. Und das Wort der Versöhnung hat er in uns gelegt. Den Messias vertreten wir als Gesandte, so als ermutige Gott durch uns. An des Messias Statt flehen wir: Lasst euch versöhnen mit Gott. Den, der Sünde nicht kannte, hat er für uns zur Sünde gemacht, damit wir zu gottgemäßer Gerechtheit würden – in Eins mit ihm“.[181]

Anmerkungen

Anm. a: „Ich bin an diesen Ort gekommen, um den *Dharma* zu übermitteln und zu retten die Sich-irrenden. Eine Blume öffnet fünf Blütenblätter, Früchte zu tragen ist ihre Natur". Dieses Wort von *Bodhidharma* – die Zeit der Blüte und die des Früchte-tragens – erörtert Dōgen in *Shōbōgenzō*[α]. Tamaki legt Dōgen aus: „Nach ihm zeigt die Zeit des Blühens und des Früchte-tragens auf *Jinenjō* [b]. Was ist nun *Jinenjō*? Dōgen nennt es, die Ursprünglichkeit zu erfassen und das Ihr-zueigen zu rühmen. Überdies, er meint damit …, *Inga* [g] von *Kugai* [d] – des universellen Inbegriffen-seins – zu ergründen und *Inga* von *Kugai* anzuerkennen. *Kugai* deutet allgültige Welt, *Inga* ist eben solchem Allgültig-sein zugehörig. *Inga* hat mit des Menschen Denken – dem kognitiven Wissen – und mit des Menschen Urteil nichts zu tun.

Wenn Dōgen Jinenjō sagt, dann ist *Ji* [e] nach ihm *Ko* [ζ]. *Ko* ist eigentlich Du; mit anderen Worten, *Ko* ist sowohl ich selbst als auch du selbst. Nie zeigt es auf ein begrenztes *Shutai* [η] wie ich oder jener andere. Vielmehr, dieses Unbestimmte wird *Ji* oder *Ko* genannt, weil es über den wahren Menschen, der weder dem *Hotoke* [Buddha] noch dem Menschen wesensgemäß zuzuordnen ist, verfügen kann. *Nen* [θ] heißt *versöhnen*, nämlich erhören und verzeihen. Kurzum, von *Shutai* als dem unbestimmten *Ko* wird alles, wie es ist, bejaht, dies ist nämlich *Jinenjō*, die Zeit des Blühens und des Früchte-tragens.

Das ist *Jinenjō*, die Zeit des Blühens und des Früchte-Tragens von Dogen. Das Haupt-Thema ist hier, dass *Inga* des universellen Inbegriffen-seins tatsächlich ergründet und anerkannt wird, denn *Inga* ist ursächlich universell. Dennoch, in seinem Belieben, *Inga* zu ergründen, windet sich oftmals das handelnde Subjekt. Damit dies durchaus all gültig wird, muss das handelnde Subjekt dazu erwachen, dass es weder ich noch irgendjemand ist, sondern der Wahre-Mensch ohne Rang. Das ist sozusagen ein durchlichtetes Subjekt, oder die all-gültige Basis des Erwachens. Erst in solch all-gültiger Subjektivität wird *Inga* des universellen Inbegriffen-seins als das Durchlichtete bejaht."[182]

α: 14. Kapitel, Kūge (空華) in Shōbōgenzō (正法眼蔵): Das große Meer spiegelt die Erscheinungen, selbst jede Welle ergründet im absoluten In-sein das ganze Meer. So sind alle Erscheinungen nicht Unwahres wie Kūge, das von uns Blinden – von Mumyō befallen – üblich als illusionäre Blume (華) in der Luft (空) hingenommen wird. Dōgen will hier unser erkranktes Gewahr-werden, das alle Erscheinungen überschattet sieht, im Shugyō wenden, um so das Wahre als solches – nicht mehr dualistisch – zu erfassen.

β: Jinenjō (自然成).

γ: Inga (因果): das, was etwas entstehen lässt, und das so Entstandene; die Gegebenheit, nämlich das Verhältnis des Verursachenden zu dessen Folge, dem Erzeugten.

δ: Kugai (公界).

ε: Ji (自): der personale Kern des Selbst, das in Freiheit Gesetzte.

ζ: Ko (己): sowohl ich selbst als auch du selbst. In der Gegenüberstellung von Ji und Ko will eine verengte – dualistische – Sicht aufgebrochen werden mit der Absicht, das um das Subjekt kreisende und sich festgesetzte Erfassen zu befreien, so dass es in einen tieferen Verständnis-Horizont überführt werden kann.

η: Shutai (主体): dasjenige, das den Ursprung eines Aktes und dessen Zielsetzung offen legt .

θ: Nen (然).

Anm. b: Wenn ein Erlebnis, das die Grenze des Mensch-seins übersteigt, ihm dessen Würde raubt, kann dann der Mensch noch fähig sein, neu anzufangen? Das wahre Gesicht des Menschen – im negativen, bösen Sinne – wird über die Geschehnisse hinaus kaum erfasst. Darum schütteln wir oft den Kopf und sagen, wie ist so etwas möglich gewesen. Das Dämonische in uns wird einem Menschen, einem Volk oder einem System angelastet und es wird nicht gesehen, dass es im eigenen Herzen – im Unversöhnten – haust, ja, mindestens damit zu tun hat. Neu anzufangen ist uns immer soweit möglich als das *Leben-Selbst* einen Einlass in uns findet: *siehe den Tod Jesu am Kreuz! Für wen hat Er gelitten?*

20 Sich-erkennen: im Vergessen seiner selbst

„Deine Propheten schauten dir Lug und Trug. Deine Schuld haben sie nicht aufgedeckt, um dein Schicksal zu wenden".[183] Zur wahren Selbsterkenntnis vermögen wir von uns aus nicht zu gelangen. Sie kann sich nur aus der Identität der Kern-$_F$ ereignen: gerade sie aber ist uns nicht verfügbar. Die Grund-Vermögen – Vernunft und Wille – sind dafür gegeben, uns selbst einsichtig zu werden unter der Bedingung, dass sie aus ihrer fehlgeleiteten Orientierung entbunden sind. Der Irrgarten als solcher, in dem wir normalerweise unser Leben zubringen, soll sich für uns lichten. Es ist das in den Vermögen selbst gründende Verlangen, sich auf das Licht hin auszurichten, was seinerseits das erweckende Moment des *Leben-Selbst* als primären Akt zur Voraussetzung hat. Dabei soll nicht nur die Verschränkung, sondern auch die Abfolge der Akte berücksichtigt werden. Je mehr wir uns selbst – ohne auszuweichen – schauen, desto klarer erkennen wir, dass es darum geht, uns selbst zu vergessen.

«Was ist der Mensch, dass du seiner gedenkst, und des Menschen Kind, dass du dich seiner annimmst?».[184] Im zitierten Psalmvers hat David seinen Schöpfer vor Augen, auf den er sein ganzes Vertrauen setzt. Ohne dieses Zutrauen ist es sinnlos, so zu fragen, denn von uns aus ist nur zu erkennen, was wir nicht sind. Das Misstrauen dagegen – der Ich-Anspruch aus dem Eigen-Willen – vermag weder sich selbst noch den Sinn der Schöpfung recht zu erkennen. Unser aufeinander Verwiesen-sein im täglichen Leben zeigt in seiner Realität eben dieses verkrüppelte Zerrbild. «Die innerweltlich gewöhnliche Gerechtigkeit des menschlichen Mitfühlens, das gegenseitige Verpflichtet-sein aufgrund von Güte und Zuneigung, als auch das Zueinander von Lehrer und Schüler sind vor dem großen Weg gleich wie Schaum».[185] Ist uns das Vergänglich-sein als Geschöpf und dessen zugrunde liegender Sinn, der zugleich überall durchschimmert, klar bewusst, so kommt uns die eigene Nichtigkeit in den Blick. Ungeachtet unseres Nichtig-seins, wie wir von uns aus sind, sind wir sowohl zeitlich als auch überzeitlich angenommen: eben diese Paradoxie zwischen dem Hinfälligen und dem Bleibenden müssen wir im täglichen Sich-behaupten bestreiten; obwohl unser Vergänglich-sein uns erniedrigt, suchen wir dennoch das in uns gestiftete Unvergänglich-sein zu achten. Dafür ist vorausgesetzt, dass sich unser gefärbtes Bewusstsein – seine Auflehnung gegen das Leben an sich – reinigt. Erst dann werden wir fähig, die unermessliche Tiefe unseres Einbezogen-seins in das ganze Universum wahrzunehmen.

Um zum Kern dessen, was wir als Mensch in Wahrheit sind, vorzudringen, müssen wir *die höllenfahrt der selbsterkenntnisz* (Kant) riskieren. Wollen wir in diese schwer zu ergründenden Tiefen gelangen, so ist es unabdingbar, alles zu lassen, was unserem Abstieg im Weg steht. Was ansteht zu tun, ist das wahre Selbst von unserem Un-wesen – es durchleidend – wohl zu unterscheiden. Hier ist das rechte Urteil – das Erkennen dessen, was uns am Leben hindert – entscheidend: „Dass dich also die Dinge, welcher Art sie auch seien, hindern, das kommt daher, weil du durch sie an deinem Eigenen festhältst".[186] Unsere Pflicht ist nun, von der Schuldigkeit – entstanden aus trügerischem Anhaften – uns zu reinigen. Was wir zuvor verherrlichten, zeigt sich nun in seiner Widrigkeit zum *Leben-Selbst*. Um der Früchte des Lebens willen ist letztlich alles im Vertrauen der Hand *des eigentlich Handelnden* zu überlassen: „Das Pferd macht den Mist in dem Stall, und obgleich der Mist Unsauberkeit und üblen Geruch an sich hat, so zieht doch dasselbe Pferd denselben Mist mit großer Mühe auf das Feld; und daraus wächst der edle schöne Weizen und der edle süße Wein, der niemals so wüchse, wäre der Mist nicht da. Nun, dein Mist, das sind deine eigenen Mängel, die du nicht beseitigen, nicht überwinden noch ablegen kannst, die trage mit Mühe und Fleiß auf den Acker des liebreichen Willens Gottes in rechter Gelassenheit deiner selbst. Streue deinen Mist auf dieses edle Feld, daraus sprießt ohne allen Zweifel in demütiger Gelassenheit edle, wonnigliche Frucht auf".[187]

Wenn Goethe bekennt, dass ihm „die so bedeutend klingende Aufgabe: Erkenne dich selbst, immer verdächtig vorkam, als eine List geheim verbündeter Priester, die den Menschen durch unerreichbare Forderungen verwirren und von der Tätigkeit gegen die Außenwelt zu einer inneren falschen Beschaulichkeit verleiten wollten",[188] dann trifft er hiermit ein nicht seltenes Missverständnis des ichhaft-instrumentellen Anspruchs, als sei der Weg zum *Erkenne dich selbst* reflexiv, imaginativ oder gar emotional einholbar. *Das wahre Erkennen seiner selbst* stellt sich ein, insofern wir nicht weiterhin dem Ich-gesteuert-sein verfallen. Es ist also nicht das Brach-liegen-lassen unserer Vermögen, sondern das sammelnde Lassen im Hier und Jetzt ist ihr äußerst maßgebendes Wirken. Alles hier Sich-zeigende verbleibt für uns im Vorübergehen sich selbst überlassen. Das Erkennen, das von aller falschen Selbstkritik sich unterscheidet und uns so nicht mehr täuscht, kommt nun zum Vorschein. Eine derartige Einsicht ist dann nicht mehr in sich selbst verkrümmt noch sich selbst entfremdet.

Erkenne dich selbst hat insofern etwas Begehrens-wertes an sich, als für uns das selbst-gefällige Wissen vermehrbar zu sein scheint. Ist jedoch hierbei diese Intention das leitende Prinzip, so lässt sich der Aufruf, sich selbst zu erkennen, nicht einlösen: Etwas haben-, sein- und wissen-wollen vereitelt, was *erkenne dich selbst* im Grunde erfordert. Hierin ist zu sehen, weshalb es viel irreleitende, affektierte Erkenntnis seiner selbst geben kann. Eine andere Ursache dafür dürfte im Verkennen des Weges von Übung und Verzicht sein. Das bejahte als auch das verneinte Selbstbild im objekthaften Fixiert-sein und dessen Nicht-frei-geben-können, was sich gegen das *Leben-Selbst* ereignet, ist unser abzuwerfendes Reisegepäck. Allein das Sich-selbst völlig zur Disposition zu stellen, öffnet das Tor zu wahrem Selbst-erkennen. *Das Alles* ist hier entscheidend, um Barrieren zu beseitigen und das bisher Nicht-wahrgenommene zuzulassen. Aber auch das, was nicht in den Blick kommen konnte – weil missverstanden und deshalb missbraucht –, muss in diesem Anspruch des *Alles* beinhaltet sein. Die Vertauschung in der Kern-$_{F}$ – die Differenz zur Identität – zu ent-tauschen, ist der absolut dringliche Appell zum wahren Erkennen, worin sich das Erkennen seiner selbst mit ereignet. Die unerreichbare Forderung – nach Goethe – ist also immerhin erreichbar unter der Voraussetzung *wisse den Weg, ja riskiere alles*.

Nach Dōgen – von Tamaki hier ausgelegt – ist: „Wahres *Jinzū*[α] nichts anderes als das Alltägliche an sich, nämlich als das, wie es ist. Sind doch alle Menschen in Wirklichkeit nicht so in ihrem Verhalten? Ist hier überhaupt eine besondere Frage angebracht? Dennoch, damit unsere alltägliche Haltung zum *Dai-Jinzū* wird, muss der Zaun, der das bewusste und unbewusste Feld begrenzt, in der Hin- und Abkehr der ganzen Person[β)] beseitigt werden; der Lebens-Odem muss nicht nur die ganze Person,[β] sondern auch das Person-sein und dessen Umfeld – im Mit-sein geeint – treffen. Wäre es nicht so, würde das Alltägliche an sich nicht *Dai-Jinzū* genannt und keiner könnte sich dessen bewusst werden“.[189]

Das Erwachen *zur Erkenntnis seiner selbst* hat prinzipiell drei Erfahrungs-Stufen: die Ahnung, dass es in mir etwas gibt, was ich nicht kenne; weiter, das Verlangen, zu diesem Etwas, ohne Mühe zu scheuen, zu gelangen; letztlich, dass das zuvor Geahnte und das in aller Mühe Ertragene mir zur erfahrenen Wirklichkeit wird. Nach Dōgen ist dies *sāgara-*

α Jinzū [神通]: bedeutet im allgemeinen Verständnis die Fähigkeiten, die das übliche Vermögen übersteigen. Im Zen ist es das werdende Geschehnis eines Erwachens. Wo kein Besonderes ist, eben dort ist das Besondere: das ist das Dai-Jinzū.

β Die ganze Person: für Tamaki kommt dieses Wort aus seiner eigenen – von *dhamma* [Dharma] durchdrungenen – Erfahrung. Es bedeutet Körper, Geist und Seele. Sie umfassen unser Mensch-sein, dessen Komplexität im Hinblick auf sich selbst, den anderen, ja das ganze Universum.

mudrã-samãdhi,[α] das Selbst-erwachen zur in uns gegebenen Wirklichkeit: das wahre Erkennen seiner selbst. Sollen unser Mensch-sein und alle Dinge sich in ihrer wahren Gestalt zeigen, so bedingt dies das Frei-geworden-sein von aller Anhaftung und allem herabsetzend-fälschlichen Unterscheiden.

„Wenn man, wie gewöhnlich, sagt, dass etwas im großen Meer schwimmt, stellen wir uns vor, es seien Fische oder sonstige Gewächse. Aber dieses Bild von im Meer Schwimmenden ist grund-verschieden zur Wirklichkeit des samãdhi. Nur schwimmend sind die Fische im Wasser, nur schwebend spiegeln sich die Pflanzen im Meer. Hingegen sagt [Dōgen] in sãgara-mudrâ-samâdhi, *alles* schwimme im Meer und doch berühre *es* mit den Füssen des Meeres Grund. Das will sagen, *es* ist – obschon tätig in dieser Welt – durchaus im Erwachen. Das ist die stete Wirklichkeit des sãgara-mudrã-samãdhi, was aber nicht erst durch die eigene Erfahrung – das Erwachen seiner selbst[β] – geschieht, ob wir uns dessen bewusst sind oder nicht. ... Kurzum, es zeigt schlicht die Gegebenheit des samãdhi. Dies, abgeschieden vom instrumentellen Bewusstsein, entzweit nichts, es ist von nichts zu entfremden und durchaus frei, sich zu betätigen. Trotzdem muss ein solcher

α sãgara-mudrã-samãdhi ist in Japanisch Kaiin-zammai [海印三昧]: sãgara bedeutet das große Meer, mudrã sein Widerspiegeln, samãdhi Zen-Jou; auf seinem Wasser spiegelt sich der Mond, aber auch gespiegelt wird ein fliegender Vogel; alle Flüsse lässt das Meer – ohne zu verweigern – in sich münden; also, das große Meer – ein Sinnbild für Buddha – hat weder Ab- noch Zuneigung, weder Annehmen noch Ablehnen. So ist die Aussage Jesu doch zu verstehen: „Euer Vater im Himmel läßt ja seine Sonne aufgehen über Bösen und Guten, und regnen auf Gerechte und Ungerechte".[190]

In Zen-Jou kann alles – das Vergangene, Gegenwärtige und Zukünftige – im Herzen in Erscheinung treten; wie sich im stillen Ozean alles tief spiegelt, so auch im schweigenden Herzen.

β Jikaku [自覚], Erwachen seiner selbst: das wahre Erwachen des Herzens, das keinerlei Illusionen hegt und so von allem diskriminierenden Unterscheiden frei geworden ist.

Umstand des samãdhi schließlich von der betreffenden Person nachvollzogen werden. Erst dadurch wird deutlich, dass die Dimension des samãdhi – abgesehen vom Erwachen seiner selbst – bereits eine Wirklichkeit ist. Die in uns gegebene Beschaffenheit solch eines zu sich selbst Erwachens ist nämlich *das Sein seiner selbst,*[γ)] wie Dōgen sagt. Ausgenommen von der unwiderlegbaren Realität des Shutai [*das Sein seiner selbst,* das den Ursprung eines Aktes und dessen Zielsetzung offen legt] kann sich das Erwachen zu sich selbst nicht ereignen. Demnach konzentriert sich *alles* un-vermeidlich auf *das Sein seiner selbst,* in dem es kein Ich-bezogen-sein gibt, ja nicht geben darf, denn sonst bildet sich *ein dualistisches Gegenüber* zwischen dem Ich und dessen Objekt. Dōgen beseitigt ein solches Gegenüber durchaus. So wird das Ich-bezogen-sein verschwinden, es bleibt bloß das Erwachen seiner selbst von Shutai. Der Inbegriff von diesem Erwachen seiner selbst ist, wie oben gesagt, zweifellos sãgara-mudrã-samãdhi".[191]

Ein Erwacht-sein, dessen Umsetzung im alltäglichen Leben nicht verankert ist, ist mehr als fragwürdig. Es mag das sich selbst täuschende Erkennen aus dem unerwachten Zustand sein, denn der Einfluss des Haftens an sich selbst, das sehr tiefe Wurzeln in uns hat, ist kaum zu fassen. Suggeriert man sich das wahre Erwachen eines anderen als die eigene Erfahrung, so wird das Sich-selbst-entfremden tiefer denn je. Sogar in ich-haften Interessen gebunden ist weder die eigene Absicht noch jener Tausch zu bemerken. Deshalb ist die gemachte Erfahrung, auch wenn sie echt ist, stets hinter sich zu lassen. Unentbehrlich ist das Erwachen für das Erkennen seiner selbst, das die Voraussetzung für das letztes Ziel ist. Soll das *Leben-Selbst* nicht vor der Tür bleiben, muss auf dem Weg stets tiefe Ehrfurcht vor Ihm gegenwärtig sein; wie könnte sonst so ein Erwachen davor bewahren, dem Sich-einschleichen von Anmaßung nicht zu erliegen.

γ Das Sein seiner selbst: das vom *Leben-Selbst* empfangene Person-sein ist ja für alle Lebenden das Kostbarste (→ Kern-$_F$: Identität und Differenz).

Die wahre Erkenntnis seiner selbst erfordert von uns durch Shugyō ein Dreifaches:

– zunächst, was wir nicht sind: es ist die Einsicht in alle irrtümlichen Vorstellungen, erzeugt durch unser erkranktes – in Finsternis gebundenes – Erkennen;

– weiter, was wir sind: es ist das Einsichtig-werden der eigenen Nichtigkeit, nämlich unser völliges Verwiesen-sein auf die in uns gestiftete Identität der Kern-$_{F}$;

– letztlich, unser verwiesen-sein auf das *Leben-Selbst*: im Selbst-vergessen die Schöpfung *zu bebauen und zu hüten*.

Es ist jedoch unumgänglich, das zuvor Dargelegte zu verdeutlichen durch das im Psalm Vers Bekundete: „Was ist der Mensch, ...dass du dich seiner annimmst? Du hast ihn wenig niedriger gemacht als Gott".[192] Hierbei geht es um die Selbst- und Gottes-Erkenntnis, die sich wechselseitig bejaht: „Wer Gott nicht findet, der gelangt auch nicht zu sich selbst ... und zu dem Quell des ewigen Lebens, der in seinem eigenen Innersten auf ihn wartet".[193]

Jedoch: nicht zu sehen, dass gerade das auf das *Leben-Selbst* hin sich öffnende Bewusstsein den Beweg-Grund für das Sich-selbst-erkennen, anstatt es zu stützen, untergräbt, hieße vor einer weithin gegebenen Problematik die Augen zu schließen. Das wahre Selbst-erwachen ist nicht zu trennen von der im Menschen selbst grundgelegten Ordnung, seiner Gesetzlichkeit. Wird sie verkannt oder nicht berücksichtigt, führt dies zur instrumentellen Verdinglichung der religiösen Anschauung: „Die Welt sucht nach ihrem Schöpfer und streckt sich ihm unablässig entgegen. Es gibt nicht nur das sinnschenkende Wort Gottes an die Welt, den sich offenbarenden Logos, sondern auch die der Schöpfung eingestiftete Sehnsucht auf Gott hin. … Die Aussage, dass alles *göttlich* sei, kann eine erste, noch nicht unterscheidende Ahnung der Schöpfermacht Gottes sein. Dann ist diese Ahnung auf dem Weg, auf der Suche nach dem wahren Logos. *Alles sei göttlich* kann aber auch schon Absolutsetzung der Welt und raffinierte Selbstbestätigung des Menschen sein. Dann ist *natürliche* Religion bereits abgeglitten in das bloß Religiöse. ... Auch der Offenbarungsglaube ist ständig in der Gefahr, abzusinken in das bloß Religiöse, das sich um sich selbst dreht und Gott lediglich als Legitimation für die eigenen Interessen benutzt".[194] Um dieser Falle zu entkommen, sind wir vielfältig ermahnt: „Achte auf das, was dir fehlt und nicht auf das, was du hast, so wirst du am schnellsten demütig werden und es bleiben".[195] Wahres Erkennen seiner selbst will in der Erfahrung des Aufgehoben-seins von Raum und Zeit in dem Maße, wie die Behinderungen fallen, sich ereignen, so dass deren Überschreiten möglich wird. Deshalb: „Sei keinesfalls darauf bedacht, in deinem Innern zu weilen, und ich will auch, kurz gesagt, nicht, dass du außer dir, über dir, hinter dir noch auf dieser oder jener Seite von dir seiest. ... Denn leiblich Nirgendwo ist geistig Überall".[196]

Das Unvermögen, sich selbst authentisch zu erkennen, hat seine Wurzel in der fälschlichen Auslegung des Lebens. Unsere Erfahrung, ausgeliefert zu sein, verstärkt das uns Auszehrende: unterwerfen wir uns nicht doch oftmals gezwungenermaßen – mehr unterschwellig denn bewusst – der uns auszehrenden Kraft! Daraus folgen die Dispositionen, die unsere Vermögen – das mentale, bildhafte und emotionale Erkennen – eintrüben: das Verhältnis der Differenz zur Identität der Kern-$_{F}$ verdunkelt sich zunehmend. In dessen Komplexität schlägt sich das dem authentischen Erkennen Widerstrebende nieder. Würde sich dieser Tatbestand für uns lichten, so könnten wir dies als das Sündhafte erfahren, das wir widerstandslos für legitim halten: „Nicht wenig Elend und Verwirrung kommen daher, dass wir durch eigene Schuld uns selber nicht verstehen und nicht wissen, wer wir sind".[197]

An-nahme unseres Lebens – in seinem authentischen Sinn – ist für uns nur so weit möglich, als wir die in uns hausende Ablehnung schauen und eingestehen; wie paradox dies auch klingen mag, übersteigt es doch unsere Vermögen. Allein darin, dass wir die auf unserem Weg erfahrenen Beschwernisse nach Kräfte annehmen und durchstehen, liegt ein Schlüssel für das Selbst-erkennen, um das eigene Un-Vermögen im Vertrauen auf das *Leben-Selbst* zu überschreiten: „Wer im Kreuze Jesu die tiefste Gottlosigkeit aller Menschen und des eigenen Herzens erkannt hat, dem ist keine Sünde mehr fremd. Er kennt das menschliche Herz. Er weiß, wie es gänzlich verloren ist in Schwachheit, wie es sich verirrt auf den Wegen der Sünde, und er weiß auch, wie es angenommen ist in Gnade und Barmherzigkeit“.[198]

Um zu dieser Einsicht zu gelangen, ist – wie stets vielfach betont – Shugyō unumgänglich. Denn ohne *Übung und Verzicht* vermag das interessen-gebundene Bewusstsein den *Säften und Kräften,* die unser Herz erobert haben, nie Widerstand zu leisten. Erst indem das Widersetzliche durch Shugyō sich in uns spiegelt, ist das Unersetzbare – das Zu-sich-selbst – zu finden. Jegliches Verweilen im Schauen seiner selbst kreiert Illusionen, mit denen der breite Weg gepflastert ist, viele gehen auf ihm. Die Frage ist und bleibt hier, wie ist dann für uns der schmale Weg zu begehen: verleugne dich selbst und siehe, deine Last wird leicht.[199]

21 Dämmerzustand: das Sich-irren zwischen Leben und Tod

„ ... das Vorüberhuschen eines Schattens ist unsere Lebenszeit, und unser Ende wiederholt sich nicht, weil es besiegelt ist und keiner wiederkehrt. Wohlan denn! Lasst uns die augenblicklichen Güter genießen und eifrig die Welt ausnützen wie in der Jugendzeit".[200] *Dämmerzustand* zu lichten ist aus verschiedenen Gründen ein gewagtes Unterfangen. Zunächst, wer von uns kann akzeptieren, dass er in einem solchen Zustand befangen lebt. Der Grund, weshalb wir dieses Faktum nicht wahrhaben wollen, liegt darin, dass sich dieser Zustand unserem Ein-sehen entzieht: wir betrachten es als *etwas Untrennbares von unserem Hier-sein*. Dieses allseitig unfassbar Gegenwärtige hat sein verursachendes Moment in der spezifischen Ausprägung der Genealogie, deren allgemein nicht bewusster Zustand das in der menschlichen Befindlichkeit wirkende Dämmerfeld markiert. Oftmals werden wir gerade dort, wo wir glaubten, ihm entkommen zu sein, erneut eingeholt; nicht selten sogar auf einem Weg, durch den wir uns davon zu befreien suchten. Leider ist es eine Tatsache, dass viele ihren Anspruch aus Überzeugung, *sie hätten recht*, durchsetzen; im Dämmerfeld, in so einem sich stilisierenden Humus-Beet, kann *der Same des Schein-wahren* keimen und das ursprünglich Wahre überwuchern. Dieses erstrittene Macht-besitzen sondert sich ab *vom wahren Erdboden des In-Einsicht-nehmens* und lässt selbstsicher gegen das Leben handeln.[201] Dass wir uns rechtfertigen können, hat seine Wurzel im Dämmerfeld; ohne dessen uns bewusst zu werden, ist das Einsehen verwehrt. Im Nebel, der sich zwischen dem Grund des wahren Erkennens und der instrumentell wirkenden Vernunft bildet, versteckt sich unser inneres Unbeteiligt-sein; der Abneigung, den hier vorliegenden Sachverhalt aufzuklären, widerstehen wir. Die Tendenz zum Erhalten des Dämmerzustandes berührt unser Verantwortet-sein für das All in keiner Weise. So sind wir gegen die Selbst-Einsicht immunisiert und fühlen uns darin vermeintlich geborgen: leider ist es ein Faktum, dass das Vermögen, sich selbst einsichtig zu werden, uns verwehrt ist. Da wir hierfür die nötige Kraft missbrauchen und veruntreuen, kann sich in unseren Akten die Wahrheit durch die Lüge ersetzen: „Dieser falsche Grund in Geist und Natur [die vom Dämmerzustand befallene Differenz] findet sich oft da, wo man glaubt, ganz und gar Gott vor sich zu haben: da trifft man oft auf diesen vergifteten Widerstand, und der Mensch zielt in all seinem Tun (doch nur) auf das Seine".[202]

Wie schwierig ist doch für uns das wahre Selbsterkennen! Erst in der Gegenwart, die nicht mehr das Moment der Verstellung durch das Objekthafte an sich hat, kann es sich gültig ereignen; deutlich zeigt sich dies am Aufwand von Lebenskraft und -zeit für ein ichbezogenes Auseinandersetzen mit allem.[a] Demzufolge wird in uns ein falsches Selbstbild erzeugt, so dass wir wähnen, als liege das Leben in unserer Hand; aus diesem *Ich-Werk* können wir eben aufgrund unseres Dämmerzustandes seine Konsequenz nicht ziehen und verbleiben im Nebel. So kann der Anspruch, der alles zu verfügen intendiert, heutzutage – ehrfurchtlos – sich wie ein Netz über die ganze Welt ausbreiten.

Soweit wir die uns geschenkte Zeit des Lebens überwiegend zur – in Interessen gebundenen – Nutzung verstehen, wie können wir aus dem Bewusstsein leben, dass die uns gegebene Zeit sich in Übereinstimmung mit dem Sinn des Lebens erfüllen soll. Er lässt sich für uns eben nur im Leben-einenden Tun und Lassen erschließen.[203] Uns fehlt jedoch diese Einsicht! Deshalb klammern wir uns in der Spanne von Geburt und dem physischen Tod, den wir fürchten, am Leben fest. Aufgrund dieser Furcht – sei es bewusst oder unbewusst – wollen und können wir eine klare Entscheidung für das Leben-an-sich nicht nur nicht treffen, sondern vielmehr verbergen wir uns in dem, was wir tun, um die uns selbst befriedigende Ruhe zu verschaffen.[204]

Auch wenn der Ich-Wille – hier am Werk – es ist, so ist er doch es selbst, mit dessen Hilfe die Wende eingeleitet wird, um den Dämmerzustand zu lichten. Er ist in unserem Herzen das Schatten-stiftende, welches eine Trübung im Erkennen bewirkt. Wie kann nun das hier anstehende Sich-lichten geschehen? Würde das Ich im Licht des Lebens – im Spiegel des Unvergänglichen – geschaut, so könnten wir uns von dem in uns angereicherten Vergänglichen, das zum Tod führt, verabschieden. Zutiefst erschüttert könnte folglich diesbezüglich alles, worauf wir unser bisheriges Leben setzten, entschwinden, die Ursache des Anreicherns aus dem Selbst-wählen zerbrechen und die Eintrübung im Erkennen sich auflösen. Die nicht nur punktuell erfahrene, sondern vielmehr die bewusst gegenwärtig bleibende Vergänglichkeit ermöglicht, das negative Gebunden-sein im Leben und im Tod zu entbinden und das ihnen angemessene Verstehen zuzulassen, was die aufeinander bezogenen Erkenntnis-Vermögen entstört. So ist die Identität der Kern-$_F$ nicht mehr der Auflehnung unterworfen. Zweifellos lässt sich die authentische Gegenwart, in der allein der Mensch sich selbst zu erkennen vermag, diskursiv nicht einholen, es sei denn, den Tod vor Augen zu haben. Jeder Versuch, dem konfrontiert-sein mit sich selbst auszuweichen, führt in die Welt der Objekte, in die Zerstreuung: „Es ist eine große Schmach und Schande, dass ein Mensch so viele andere Dinge kennt, sich selbst aber nicht“.[205]

Dem Dämmerzustand zu entkommen hat seine Voraussetzung darin, dass sich unser Verhältnis zu den Grund-Fakten des Lebens – Geburt und Tod – enthüllt. Zunächst, was verstellt uns eigentlich die Sicht, dass wir das uns Leben-lassende missbrauchen können? Das aus Irrtum in uns Geschichtete lässt die Erkenntnis-Vermögen – für das Woher und das Wohin unseres Lebens – erblinden. Es ist paradox, uns trennen zu wollen von dem, ohne dessen Odem wir nicht zu sein vermögen. Um den hier vorliegenden Widerspruch zu entschleiern, stehen wir unabdingbar in der Pflicht, dem zum Leben konträren Streben auf die Spur zu kommen: ein äußerst herausforderndes Unterfangen, weil wir uns mit diesem Streben – aufgrund seiner uns täuschenden Glaubwürdigkeit – mühelos identifizieren. Um dessen Aufhebung willen sind wir unablässig ersucht, jenem Streben zu widerstehen, und zwar im Einstehen für das uns Leben-lassende. Je mehr uns das Widerstehen gelingt, desto tiefer kann der Widerspruch aufgedeckt und sein dunkler Seins-Anteil gelichtet werden.

Weshalb stehen wir im Konflikt mit dem *Leben-Selbst*, obwohl wir mit ihm unabdingbar verbunden, ja durch es überhaupt erst sind und sein können? Weil in uns von Geburt an ein Streben am Werk ist, etwas sein zu wollen. In ihm ist eine Neigung wirksam, die aus der Lebenseinheit heraus hin zum in der Zeit Gebundenen beharrlich tendiert. Hierdurch erwacht das Verlangen zu haben, zu besitzen, was seine Wurzel im Anspruch des Verfügens hat, der letztlich auf das *Leben-Selbst* zielt.[206] Um den aus der Neigung resultierenden Verlust zu ersetzen, etabliert sich unser Lebensinhalt *im Etwas-sein-, Etwas-haben- und Etwas-wissen-wollen*, was sich nur aus dem verursachten *Fall im Garten-Eden* aufklären lässt. Ohne unser Gefallen-sein anzunehmen, kann das erkrankte Bewusstsein nicht heil werden. Obwohl uns das Leben-an-sich in der uns umgebenden und in sie eingebetteten Schöpfung mit jedem Atemzug begegnet, erschließt sich in dieser Erfahrung uns das Eigentliche des Lebens als Wirklichkeit nur schwerlich. Würde sich uns seine Wirklichkeit in Wahrheit erschließen, dann wäre es nicht mehr möglich, uns gegen diese Gewissheit, in die wir eingebettet sind, zu verhalten. Die Ursache hierfür liegt in uns selbst: soweit wir der Einheit entfremdet sind, entsteht in uns die Subjekt-Objekt-Trennung, durch die wir uns selbst zum Objekt werden. In seiner Konsequenz intendieren wir blindlings dazu, alles zu einem Objekt zu entwerten, so dass wir in der Gefahr stehen, uns von jener Einheit abzuschneiden. Es ist ein großer Irrtum zu glauben, dass wir das Leben, das in seinem Fließen sich mitteilen will, um daraus seine Früchte zu tragen, festhalten können. Unser Leben kann nur aus der Einheit, in der wir ursprünglich geschaffen sind, ja in die wir letztlich uns kehren sollen, authentisch verstanden und verwirklicht werden.

Solange Leben und Tod, die von uns nicht zu umgehenden Charaktere des Daseins, uns irritieren, erfahren wir den Tod als etwas Zwanghaftes, als das unser Leben Negierende. Unser Konflikt mit dem Tod zeigt sich darin, dass wir ihm, dem wir unterliegen, in diesem Leben nicht ausweichen können. Niemand kann ihm entkommen, ja, unsere falschen Lebensinhalte werden durch ihn zunichte, denn: „Alles, was aus der Erde stammt, kehrt wieder zur Erde zurück".[207] So hat der Tod für uns etwas unheimlich Feindliches, was wir nicht fassen können. Hierin hat es seine Ursache, dass der Tod gefürchtet, verdrängt und todgeschwiegen wird. Die sich einschleichende Furcht vor ihm blockiert das Leben, so dass wir für die Begrenztheit unserer Lebenszeit, in der es nichts Beständiges gibt, nicht wach werden können, ja, das Sterben im Alltag sich uns nicht erschließt.[b] Im Alltag sterben heißt für uns, dem, was widerwärtig ist, nicht auszuweichen, sondern dem hier Erfahrenen, sei es verhasst oder abscheulich, standzuhalten. Aber auch dem, das – uns täuschend – fälschliche Lebens-Erfüllung verspricht, ist mit Wachheit zu begegnen. Sobald die das Täuschen verursachenden Objekte entschwinden, kann sich uns das hierdurch erfahrene Unfreisein bemerkbar machen. Dessen Überwinden kann zum Entschärfen der Furcht vor dem Tod führen und das Leben im Hier und Jetzt vergegenwärtigen. Vollzieht sich diese Wende nicht, steuert die Vergänglichkeit unseren Willen, dessen wir kaum bewusst sind. Weiterhin beherrscht – mehr oder weniger unbewusst – der Tod unser Leben. Dieser Zustand versinnbildlicht sich in den drei Grundneigungen unseres Lebens, die sich im Etwas-sein-, Etwas-haben- und Etwas-wissen-wollen manifestieren. Aufgrund der in ihnen wirkenden Absichten bleibt uns der Sinn des Lebens verschlossen, denn er kann sich nur ausgerichtet hin auf das Allsamt verwirklichen. Alles, das in Ich-Absichten gebunden ist, wie das Sein-, Haben- und Wissen-wollen, verliert mit dem Tod seine

Bedeutung. Wer darauf sein Leben baute, dem ist das Leben *Gewinn*, wer darin versagte, dem ist es *Verlust*; für beide ist jedoch der Tod das Ende. „Wo der Tod das Letzte ist, dort ist das irdische Leben alles oder nichts".[208]

Wie ist das wesenhafte oder das irrtümliche Verhältnis von Leben und Tod zu fassen? Als Mensch können und dürfen wir uns lebend wie sterbend von der unabdingbar verfassten Kommunikation mit dem Lebens-All nicht ausschließen. Obwohl Leben und Tod – seien sie uns ermutigend zugetan oder feindlich bedrängend – für uns unergründlich und unfassbar sind, gründen wir umso tiefer im Leben, je klarer uns der Sinn des Sterbens wird: „Wahr, ja wahr ist's, ich sage euch: Wenn das Weizenkorn nicht in die Erde fällt und stirbt, bleibt es allein. Stirbt es aber, so trägt es viel Frucht".[209] Wie gesagt, Leben und Tod berühren immer das Allsamt. Jesus nimmt gleichnishaft das Weizenkorn, um in Seinem zu gehenden Weg für uns die Nachfolge – mit Verlaub gesagt auch in ihrer kosmischen Dimension – zu erschließen. Schließen sich Leben und Tod gegenseitig aus, so nehmen wir dem Leben die Chance, in seine Sinn-Fülle zu münden; im Versuch des je sich Verschließens berauben wir uns selbst der *das Tote in uns*[210] verändernden Erschütterung des bisherigen Ich-fixiert-seins: „Wer sein Leben lieb hat, der wird es zugrunde richten; doch wer sein Leben hasst in dieser Welt, der wird es zu unendlichem Leben bewahren".[211] Sterben – um der Nachfolge willen – vollzieht sich in der scheinbar widersinnigen, je persönlichen Tat, die dem Mit-sein dessen Teilhaben nicht untersagt. Dieses Sterben öffnet in seiner Grundeinsicht auch unser Teilhaftig-werden am Leben, das den Tod überdauert. Die tägliche Übung, *unserem irrtümlichen Identifizieren zu sterben*, ist es, worin sich uns der innerste Kern des Lebens mitteilend auftut.

Zum rechten Verständnis dessen, was *sein Leben hassen in dieser Welt* uns sagen will, ist es hilfreich, dies an der biblischen Aussage *sein Leben lieb haben* zu spiegeln. Das Um-zu – die verdinglicht-innerweltlich orientierte Handhabung – richtet das Leben zugrunde, denn sie hat ihre Zielsetzung im Aneignen des Unverfügbaren. Die Intention, *das Nicht-eigene als eigen zu betrachten,* isoliert im eigentlichen Sinn uns vom Leben-lassenden und verführt dazu, im *sein Leben lieb haben* festzusitzen. Somit erküren wir das von uns selbst kreierte Etwas zu einem Abgott und werden demzufolge unfähig, das hier von Jesus Offengelegte gutzuheißen. Darin wurzelt jegliches Versucht-werden im Mensch-sein, nämlich das *Leben-Selbst* unter unser Belieben zu zwingen. So bewirkt ein zuwiderhandelndes Unterordnen dessen, in dem alles Sein gründet, eben den Tod. Es wäre völlig absurd, unser Leben-an-sich zu hassen. Hassen sollen wir unser innerweltlich Gefesselt-sein. Im davon Befreit-sein öffnet sich uns der zu gehende Pfad, um auf ihm in Wahrheit die erste und zweite Weisung des Liebes-Gebotes wirklich einzulösen.[212]

Obgleich *hassen und lieben* eindeutig sich entgegenstehend gesetzt sind, kommt dessen ich-bezogenes Auslegen, das sie missverstehen lässt, aus demselben Sumpf, weshalb sie je sowohl für das eigene als auch das fremde Leben ihre feindseligen Folgen zeitigen. Weil wir davon nicht so frei sind, wie wir glauben, kann jedoch unser Handeln in der Tat weitgehend nicht nur vermischt, sondern sogar dem Leben zuwider sich aktualisieren. Dem das Tote in uns anreichernden Tun und dessen Ergebnis wirkt dem *Leben-Selbst* entgegen: es gilt, diesen negativen Potenzen sich mit ganzer Kraft zu widersetzen. Dies authentisch zu vollziehen, sind wir durchaus unfähig, denn es verlangt von uns, *dem Ich sterbend zu lieben,* was nichts anderes ist, als mein Leben in dieser Welt zu hassen.

Kann der Mensch dem Dämmerzustand – dem Pendeln zwischen Leben und Tod – entkommen? Ja, denn „er [Gott] verlieh ihnen [den Menschen] Wissen und ließ sie das Gesetz erben, was das Leben hervorbringt, um sie zum Erwachen zu führen, dass sie sterben müssen, wie sie jetzt sind".[213] Unsere ungereinigten Sinne hindern uns daran, dem Dämmerzustand nicht zu erliegen.[c] Solange wir Leben und Tod auf dieser Ebene erfahren, bleibt ihre charakteristische Eigenheit für uns entstellt. Eigentlich haben die äußeren Sinne, die primär auf das äußerlich Wahrnehmbare ausgerichtet sind, ihr Korrelat in den inneren Sinnen, die fähig sind, uns das dem Phänomenalen Enthobene zu erschließen. So sind die äußeren unabdingbar in den inneren Sinnen verankert. Die Sinne markieren das Feld der Wahrnehmung und bestimmen dadurch die Ausdehnung unseres Erkennens. Dass die äußeren Sinne aus ihrem fehlgeleiteten Streunen entbunden werden, ist letztlich ohne das Erwachen der inneren Sinne nicht möglich. Denn erst hierdurch kann das Irrtümliche, innerhalb dessen die äußeren Sinne gewöhnlich fungieren, sich korrigieren. Leben und Tod sind dann kein Gegensatz: es wird klar, wie sie zuvor unsere Existenz sinnlich zutiefst tangierten, ja bestimmten.

Auf der sinnlich-phänomenalen Erfahrungsebene sind Leben und Tod in der Tat unabdingbar aufeinander bezogen. Es gehört zwar auch zum Leben, phänomenal in Erscheinung treten zu können, aber das in ihr Gebunden-sein, soll es befreit werden, muss sich daraus lösen. Dafür ist der Tod Weg, durch den sich das Leben in seiner je tieferen Seins-weise manifestiert. Es lässt sich also sagen, je tiefer der Tod angenommen und bewusst durchlebt wird, um so authentischer kann das, was das Leben in seinem innersten Kern ausmacht, aufbrechen und sich mitteilen. Im Durchgang unseres Lebens *durch den Tod* wird jenes von diesem frei, der Tod verliert seine Macht.[214] Soweit sich aber der Vollzug des Sterbens in besagter Weise nicht ereignet, bleibt das Leben unfrei: das in dieser Haft unterjochte Subjekt ist dem Dämmerzustand weiterhin ausgeliefert.[d]

Werden die Sinne gereinigt und in sich zugeordnet, so enträtseln sich Leben und Tod in ihrem Vollzug: lebend bin ich im Tod, sterbend im Leben. Beide sind in eins, sofern das Leben seine phänomenale Erscheinungsweise durch den Tod überwindet, erst hier vermögen wir uns selbst zu entäußern. Das Sich-selbst-entäußern ist nichts anderes als das Sterben, das sich um des Erlöst-werdens willen vollzieht: dessen äußersten Vollzug teilt uns Jesus in seinem Leiden und Tod am Kreuz mit. *Den Weg weist Er der Wahrheit sterbend und öffnet das uns verschlossene Tor zum Leben*: „Wenn wir nun gestorben sind mit dem Messias, so glauben wir, dass wir auch leben werden mit ihm“.[215]

Anmerkungen

Anm. a: Die Gegenwart, die von allen Objekten freigewordene, ist über längere Zeiträume nur als Ausnahme, als einzelner Fall, erfahrbar. Hier ist der Ich-Wille, der den Atem verkürzt, integriert in das *Leben-Selbst*. Die Subjekt-Objekt-Trennung ist nicht mehr vorhanden, mit anderen Worten, der Atem ist mit seinem Ursprung geeint. Die Erfahrung, welche in der Zeit gebunden ist, ist durchbrochen. Im *Normalfall* wird es sich eher um punktuelle, zeitlich begrenzte Erfahrungen handeln. Trotzdem erschließt auch die punktuelle diesbezügliche Erfahrung ein authentisches Erkennen, das danach nicht ohne weiteres verblasst, sondern das Moment von Dauer – wenn auch mehr oder weniger – in sich birgt. Hierdurch wird eine heilsame Unruhe gestiftet, so dass sich die betreffende Person gedrängt erfährt, dem Dämmerzustand zu entkommen. In deren Prozess erschließt sich der Atem wieder natürlich und tendiert in die Grundbewegung des Lebens zurückzukehren, sofern an der zeitlich begrenzten Erfahrung nicht angehaftet wird.

Anm. b: Wie lässt sich für uns – sterbend im Alltag – der Sinn des Lebens auftun? Wo Leben ist, da ist Bewegung und Veränderung. Überlassen wir uns dieser Gebärde des Lebens, seinem uns wandelnden Eingreifen, dann kommt durch diese Art des Sterbens Neues zum Vorschein: das Lebenlassende – dessen Gegenwärtig-sein – kann so in uns wirken. Das Ereignis-Feld muss in unserem Alltag – im uns je Zukommenden und nicht im Besonderen – sein. Es geschieht nur im Entsagen des Ich-Willens, das ermöglicht, im Sich-öffnen mit unserem ganzen Mensch-sein zu kommunizieren. Im hier Dargelegten geht es darum, fähig zu werden, *um in das Geheimnisvolle des All-umfassenden hinein sterben*; dies ist das wahre Erwachen hin auf das je Größere, das unser Leben Erhaltende. In diesem Sterben, der Erfahrung der Befreiung aus dem geschichtlich Gebundenen, zeigt sich tiefer Frieden, gebahnt und errungen im Vertrauen auf das *Leben-Selbst* .[216] Das durch Leiden und Not uns Läuternde anzunehmen, besiegt das Ichhafte. Dies stärkt den handelnden Mut, dem das Leben verdinglichenden Tun entschieden zu entsagen: „Der [wirkliche] Mensch stirbt täglich den Tod des Sünders. ... Alles ihm auferlegte Leiden trägt er in der Erkenntnis, dass es ihm dazu dient, mit seinem eigenen Willen zu sterben und Gott über sich rechthaben zu lassen. ...Der Mensch lebt mitten im Tod, er ist gerecht mitten in der Sünde, er ist neu mitten im Alten. Sein Geheimnis bleibt der Welt verborgen. Der neue Mensch lebt in der Welt wie jeder andere; er unterscheidet sich oft nur in wenigem von den anderen Menschen. Er legt es auch nicht darauf an, sich herauszuheben, sondern allein Christus herauszuheben um seiner Brüder willen. Verklärt in die Gestalt des Auferstandenen, trägt er hier nur das Zeichen des Kreuzes und des Gerichtes. Indem er es willig trägt, erweist er sich als der, der den Heiligen Geist empfangen hat und mit Jesus Christus in unvergleichlicher Liebe und Gemeinschaft geeint ist".[217]

Anm. c: Auch wenn in den Erkenntnis-Vermögen, des eigenen Zustandes einsichtig zu werden, uns gegeben ist, sind sie doch in ihrem Zusammenwirken durch das geschichtlich uns je Belastende beeinträchtigt. Diese Tatsache zu erfahren und die Not des Ausgeliefert-seins – unsere Hilflosigkeit – sich einzugestehen, drängt uns, dass wir nicht mehr dem Eigenen vertrauen und uns selbst hintergehen, sondern unsere Hoffnung setzten auf das, welches die Umkehr in Wahrheit bewirkt. Das hier Aufkeimende wird vor dem Verderben – zurück in das Erstarrt-ergriffene des Dämmerzustandes -[218] bewahrt, insofern wir uns stets vor Augen halten, dass der eigentlich Handelnde das *Leben-Selbst* ist: „Was ist der Mensch, und wozu ist er nütze? Was ist das Gute an ihm und was das Schlechte? ...Das Erbarmen des Menschen geht nur auf die Nächsten, das Erbarmen des Herrn aber auf alles Fleisch. Er weist zurecht, züchtigt und belehrt und führt wieder heim wie ein Hirt seine Herde. Er hat Mitleid mit denen, die die Zucht finden und die mit Eifer seine Satzungen suchen".[219]

Anm. d: Leben und Tod, wollen wir sie verstehend fassen, entziehen sich unserem Zugriff. Das Rätselhafte an ihnen, ihr Geheimnis, erhält jedoch Antwort im Versuch vielfältiger Aussagen der Weisheits-Bücher. Unsere Frage nach dem ewigen Leben und dem ewigen Tod ist in den biblischen Offenbarungen vielfach beantwortet. Wie hören wir zum Beispiel die folgenden Worte Jesu, und was tun sie mit uns: „Und ängstet euch nicht vor denen, die den Leib töten, das Leben aber nicht töten können. Ängstet euch vielmehr vor dem, der Leben und Leib in der Hölle [im Feuersee] zugrunde richten kann".[220] Nehmen wir diese Aussage ernst, dann stellt sich die Frage, wie können wir dem ewigen Tod entkommen? Wenn in uns das Sehnen nach einem anderen Leben, das nicht mehr dem Gesetz der Welt unterliegt, nicht keimt, dann rührt uns die Frage weder nach dem ewigen Leben noch nach dem ewigen Tod. Jedoch, den folgenden Worten Jesu können wir nicht ausweichen: „Wahr ist's, ich sage euch: so viel ihr nur einem dieser meiner geringsten Brüder getan – mir habt ihr es getan. ... Wahr ist's, ich sage euch: so viel ihr einem dieser Geringsten nicht getan – mir habt ihr es nicht getan. Und diese werden hingehen in unendliche Pein; die Gerechten aber in unendliches Leben".[221]

Ist es nicht unsere Gewöhnung an den Dämmerzustand, was uns träge, ja teilnahmslos werden lässt, wodurch das dämmernde Zwielicht in uns sich weiter trübt? Deshalb versäumen wir, unser Leben im Spiegel des All-gegenwärtigen zu verantworten: anstatt das Hier-und-Jetzt zu leben, verabsolutieren wir die Vergänglichkeit. Ein Tun, das nicht der Ordnung – die sich die Welt selbst gibt – entspricht, wird von ihr als Störung ihrer Handlungs-Maximen erfahren. Zwar sollten wir den Lebens-Impuls aus der Identität der Kern-$_F$ empfangen, aber die Welt zwingt uns *mit ihrem*

Uns-zu-unterwerfen, um die Differenz absolut zu setzten. Die dafür etablierten System-Zwänge hemmen unser freies Entscheidungs-Vermögen, als dessen Folge *die Furcht vor den Menschen* unser Verhalten bestimmt.

Wollen wir innerhalb dessen, worin wir Leben und Tod zunächst – gebunden in Raum und Zeit – erfahren, nicht mehr verbleiben, so kann sich ihre Beziehung, die sich in der Paradoxie von Beständigem und Unbeständigem spiegelt, in Wahrheit auftun. Unser zeitlich begrenztes Dasein in der Welt erhält dann seine Sinngebung, sofern unser Blick das zeitlich Begrenzte zu überschreiten vermag.[222] Hierbei ist es unabdingbar, uns dem *Leben-Selbst* anzuvertrauen, worüber der Tod keine Gewalt hat, es sei denn, wir willigen ein in das, was das *Leben-Selbst* negiert: „Wer aber gegen den heiligen Geist lästert, dem wird nicht nachgelassen".[223] Unser Handeln sollte aus aufrichtiger Reue in der Hoffnung auf das Erbarmen Gottes geschehen, um die Früchte des Lebens einzubringen: „Wer einen Sünder auf dem Irrwahn seines Weges zur Rückwende bringt, wird sein Leben vom Tod retten, und er verhüllt eine Menge Sünden".[224]

LICHT

LIEBE

LEBEN

Willand

2012

Detlef Willand hat seine Triskel mit der Grab-Inschrift von Johann Gottfried von Herder: Licht, Liebe und Leben – zwei Zeugnisse – Ineins gesetzt.

Das, was untrüglich ist, lässt sich nicht verleugnen: die in uns gestiftete Identität der Kern-$_P$, unseren Ursprung im *Leben-Selbst* und das Innerste der trinitarischen Akt-Dynamik. All dies teilt sich – wenn überhaupt – oftmals mehr intuitiv und nur selten uns bewusst mit. Berührt so ein bewirkter Impuls aus der Quelle allen Lebens einen Menschen intuitiv, steht er dann nicht in der Pflicht, das Erfahrene symbolisch der Umwelt zu vermitteln? Ohne dabei das Eigentliche unverhüllt im Erfahren erfasst zu haben, bezeugt er kraft der Triskel die aus dem Drei-einen sinnbildlich erfahrene Dynamik. Licht, Liebe und Leben fassen all dies wesentlich in Worte, dessen Kern sich mittels der Symbolik der Triskel uns belegen will.

In einem kurzen Überblick beschreibt *Cyrill von Korvin-Krasinski* in *Trina Mundi Machina* die Signatur des alten Eurasien: „Das Symbol des dreifachen *Sakralen Turnus,* die sogenannte Triskel (griechisch *Triskellion*), begegnet uns seit der frühen Bronzezeit auf Monumenten und Objekten von ganz Eurasien in geometrischer wie theriomorpher Abwandlung; die letztere – wie die drei Hasen – meistens im christlichen Mittelalter als Symbol der Hl. Dreifaltigkeit. Die geometrische beherrscht die kultische Ornamentik Altirlands, Skandinaviens [der keltischen Kultur] und Japans [im Buddhismus]. Die Normannen brachten sie nach Sizilien, wo sie heute zum Wappen der Insel geworden ist. Die nordische dreiarmige Triskel bildet das kultische Gegenstück der vierarmigen Swastika Altindiens und Irans“.

23 Kehre: zum *Leben-Selbst* aus Not

„Der Ruchlose soll seinen Weg verlassen, der Frevler seine Pläne. Er kehre um zum Herrn, damit er Erbarmen hat mit ihm, und zu unserem Gott; denn er ist groß im Verzeihen".[225] Die Kehre – Umkehren – ist nicht zu trennen vom Bewusstwerden des vielfältig widersprüchlichen Verwoben-seins unseres Lebens. Zu sehen, wie Miss-verstandenes in den von uns vollzogenen Akten das Leben schändet, kann den Anstoß zur Kehre vernehmbar machen: der Eigennutz schlage um in selbstlose Hingabe, die Blindheit in Einsicht, so dass sich die Abkehr von negativen Impulsen einstellt.

Ein ruchloser Mensch verletzt seine Zugehörigkeit zum All. Er lässt sich treiben von seiner momentanen Selbstsucht auf dem verfallenen Weg. Frevler pflegen ihr eigenes Tun und Lassen: dass das Leben schlechthin seine Ordnung hat, ist für sie nicht von Bedeutung.[226] Darin gründet nicht nur die Rechtfertigung ihrer Taten, sondern auch das Fällen von Urteilen. All dies soll dazu dienen, um schließlich frei zu sein in der Überzeugung, das Unverfügbare sei zu verfügen, und zwar ohne Missgeschick; so sind ihre Pläne. Sowohl der Ruchlose als auch der Frevler neigen vielfach dazu, sich vom *Leben-Selbst* zu entbinden. Dafür müssen sie ihr Gewissen unterdrücken und verfallen deshalb ihren Untaten. Sie suchen der Wahrheit aus dem Weg zu gehen, weil sie die eigene Vergänglichkeit nicht im Blick haben.[a]

Das Sich-aufmachen zur Kehre erfordert ein andauerndes Ringen mit den in uns gespeicherten Akten, die das Leben verletzten! Ja, ein Willens-Akt, der sich bewusst gegen das Leben richtet, kann in seiner Wirkweise uns so tief treffen, dass *der Lebens-Spiegel* in uns zerbricht. Im Zuwider gegen das Leben kann das agierende Entschieden-sein sich auch zur Umkehr wenden und überdies noch bewusster wirksam werden, *sofern der Impuls hierzu erwacht*. Außerdem, dass die Wende nicht scheitert, mag im erfahrenen Leidensdruck liegen, dessen ertragene Bürde den mühsamen Rückweg erwirken kann. Immerhin lässt sich generell sagen, in allem, was zur Abkehr vom Leben führt, liegen auch Kräfte verborgen, die gemäß ihres Entbindens im Vollzug der Kehre fruchten, stützen und gelingen lassen, ja sogar hierfür notwendig sind. Das Verhältnis im Gleichnis der beiden Söhne lässt uns den hier erörterten Sachverhalt erwägen.[227]

Immer wieder gibt es unerwartete Erfahrungen, durch die wir für ein Ausscheren aus fälschlich eingeübten Haltungen eine Chance erhalten. Das dem Leben Abträgliche ist hier in seiner Ausweglosigkeit angefragt. Wir sind herausgefordert, uns selbst zu besinnen, auf dass in *freier Entscheidung* das die Krisis Wendende geschehe. Indem das Abwegige, das auf Irrtum beruht, sich selbst aufdeckt und widerlegt, kann der Wille zum des die Misere beendenden Aktes erwachen. Ist es nicht doch die Erfahrung von Bedrängtem und uns beengenden Hemmungen in den nun hinsichtlich der Kehre zu setzenden Akten, wodurch dem Zerstreuen der Vermögen Einhalt geboten wird. So kann ihre gebündelte Entschluss-Kraft im Erleiden der Bedrängnis wirksam werden.

Es gibt Bedrängnisse – Not[b] – im Leben, die – sei es die hilfsbedürftige Lage, drückender Mangel oder Dürftigkeit schlechthin – das mehr oder weniger ausschließlich nach außen Orientiert-sein in Zweifel ziehen, wodurch wir rückverwiesen auf uns selbst die Erfahrung machen: die Entbehrung ist nicht Verlust, sondern Gewinn. Der Brüchigkeit der von uns selbst geschaffenen Lebens-Anker bewusst zu werden, schmerzt uns, denn das für gesichert Gehaltene erweist sich als ein nicht von dieser Art Seiendes. Halten wir diese Erfahrung gegenwärtig, kann hierdurch in uns etwas von dem, das sich als das Allgegenwärtige mitteilt, aufkeimen. Aber auch das Zum-verzweifeln getrieben birgt hier die Möglichkeit, dass in uns ein Zweifel erwacht, der das Leben im Zu-sich-selbst-kommen findet.[c] Das zuvor Unbewohnt-verödete erweist sich unerwartet als die wahre Klause, in der wir nicht nur dem Leben begegnen, sondern es findend uns einfinden. Ist im Zu-sich-selbst-kommen *das Leben-Selbst zu finden* gegenwärtig, dann entgeht das bei sich Angekommen-sein der Täuschung.

Jede gemachte Lebens-Erfahrung zeitigt immer auch ihre Früchte, die aus den sich ereignenden Geschehnissen zu erkennen sind. Zwei Gründe sollen hier genannt sein, die das Einsehen in die veranlasste Entscheidung zum Aufbruch verstellen: Trägheit und ein Mangel an verantworteter Rechenschaft für das Leben, die das eigene als auch dessen wechselseitiges Bedingt-sein betreffen.

Trägheit ist eines der Hauptmotive dafür, dass die Umkehr nicht geschehen kann, weil sie zunächst im Einzelnen und daraus folgend in ihrer Häufung die Wende hemmt und hierdurch die Menschen fesselt. Sie fällt wie eine dunkle Wolke auf die Menschen, bedeckt sie und erzwingt Anpassung: sie ist eine negative geistig-geistliche Fäulnis, von der viele befallen sind. Trägheit ist immer vielgesichtig und zugleich zerstörerisch. In ihr ist Ungeduld, die sich häufig als ein Schein-Dulden äußert, so dass sie harmlos erscheint. Der Träge versucht sich selbst zu täuschen, er bildet sich ein, er trage seine Last ausschließlich selbst. Er benützt all seine Kraft, um in jeder Gelegenheit vor dem Dulden zu fliehen; letztlich flieht er vor dem eigenen Versagen. Trägheit erfindet viele Ausreden, die dieses Verhalten zu fliehen rechtfertigen.

Die zu verantwortende Rechenschaft unseres Lebens gründet in der Anteilhabe an der Unermesslichkeit des *Leben-Selbst*. Wird seine Anteilhabe nicht verantwortet, führt eben sie zu seiner Austrocknung und Verhärtung aufgrund der Verkehrung dessen, was das Leben als Leben – das Teilhaben-lassen an seiner Unermesslichkeit – charakterisiert. Die verantwortete Rechenschaft an dieser Teilhabe lässt der Zwiespältigkeit entkommen, in der sich unser Leben gegen sich selbst kehrt, dem ihm Entgegengesetzten anheim fällt und das, was hier versteckt am Werk ist, nicht mehr durchschaut.

Wird das Erfüllen unserer Pflichten um der gesellschaftlich-sozialen Bestätigung willen als verantwortetes Leben erfahren, so ist dies eine Verfremdung wahrer Verantwortung; in jedem Tun liegt immer auch die Gefahr, dass die von uns gesetzten Akte die Selbst-Bestätigung suchen.[228] Wahre Verantwortung geschieht dort, wo diese Hürde genommen wird. Erst dann ist das not-wendende Moment der Kehre gegeben.[d] Es ist das Standhalten im Durchleiden all dessen, das uns fälschlich bindet. Wer wissen will, wie tief er aus dem Leben herausgefallen ist, kann dies in dem Maße erfahren, als ihm in allem das Gegenwärtig-sein des Lebens aufscheint: „Denkst du so nieder vom Reichtum seiner Güte und Geduld und Langmut, und weißt nicht, dass das Gutsein Gottes dich zur Umkehr führt?".[229] Hierdurch wird in uns der Grund gelegt, so dass in ihm *die leben-zeugenden Akte* wurzeln, dies sowohl für andere und wie für uns selbst. Denn: „Wer einen Sünder auf dem Irrwahn seines Weges zur Rückwende bringt, wird sein Leben vom Tod retten, und er verhüllt eine Menge Sünden".[230]

Erwacht im Menschen die – zu ihm natürlich gehörende – angeborene Furcht, öffnet sie sich auf das *Leben-Selbst* hin und ist wie ein Samenkorn, aus dem das in ihr Angelegte keimen will: „Siehe, des Herrn Auge achtet auf alle, die ihn fürchten, die auf seine Güte hoffen".[231] Diese Furcht – *Gottesfurcht* – lässt unsere zerstreut-disparaten Vermögen einen und belebt die Entschiedenheit, das Leben zu riskieren, welches uns weitet, trägt und erhält.[e] Es gibt in uns jedoch auch die Furcht, die jener entgegensteht, indem sie das Leben nicht achtet, ja sogar missachtet: die Furcht vor dem Verlust dessen, an dem wir haften, was es auch sei.[f] Umkehr wird blockiert durch das Gegeneinander der Kräftefelder des Erkennens. Das Erwachen der Entschluss-Kraft wird dadurch verhindert, so dass sich das Leben-wirkende in der gegebenen Lebenszeit verwirkt. Wir vergeuden nicht nur die uns gegebene Lebens-Zeit, sondern auch die Entschluss-Kraft zur Umkehr wird durch das Gegen-einander der Kräfte-Felder des Erkennens vereitelt. Die Konfrontation mit den Widerstands-Kräften zu wagen ist nichts anderes, als das gestörte Wirken der verschiedenen Vermögen zu entstören. Dieses Wagnis muss gestützt sein durch die das Leben umfassende Gewissheit, welche die hierfür notwendig entschiedene Willigkeit entfacht.[232]

Durch das eigentliche Tun blockierende Furcht ist das sich entfaltende Wirken des Lebens aus sich selbst gehemmt; dies wird oftmals aus Furcht vor den Menschen in unserem Handeln deutlich.[g] Das Haften an diesem Status hat zwei Gründe, die Dispositions-Felder im weitesten Sinne, außerdem ist es die die ganze Schöpfung beeinträchtigende Kraft der Ur-Störung, die uns durch ihr gefallenes Geneigt-sein anzieht und bindet. Um mit der authentischen Wirkkraft des Geschaffenen zu kommunizieren, müssen wir von der Menschen-Furcht befreit werden, denn daraus entstehen keine Abhängigkeiten, die das Leben verengen; eher sind es heilsame Kräfte der Natur, die uns authentisch zufließen.

Die Ursache *der das Leben verneinenden Furcht* lässt sich letztlich finden in der Furcht vor dem *Leben-Selbst*,[h] das der Starke bekämpft, der Schwache versucht es zu umgehen. Löst sich dieser Knoten – seine Verwurzelung aus Furcht und Zweifel – nicht, dann bleibt so ein Leben aufgrund der Zurückweisung seiner eigenen Voraussetzung hinter sich selbst zurück. Dagegen umfasst *die Ehrfurcht vor dem Leben* – um des Dienstes willen – jede Empfindung und Neigung.

In dem Maße, wie ein Mensch aus der Grundordnung des Lebens herausfällt, fällt er ins Leiden. Jedoch, erwägen wir unser leidendes Verirrt-sein ausschließlich auf uns selbst bezogen, so verstellt sich die Gegebenheit, dass jeder von uns – wie es scheinen mag – sich nicht allein überlassen ist: denn wie sollte sich sonst die Wende einlösen? Für den Anlass zur Umkehr bedarf es den Impuls aus dem *Leben-Selbst, ein Fingerzeig,* der den Sinn-Horizont unseres Lebens öffnet. Solch ein Erfahren ist für das Gelingen unseres Lebens grundlegend, wodurch dessen Ereignis-Feld selbst uns einsichtig werden kann: das aus Irrtum sich etablierende Trennen ist nicht deckungsgleich mit seinem Ereignis-Feld. Im Gewahr-werden dieses Zwiespaltes liegt die Chance, in unserem Leiden *Seinem Mit-leiden* zu begegnen. Die Erfahrung des Gefallen-seins ist demnach nicht ausschließlich auf unser Leben bezogen, sondern einschließend. Indem wir Seinem Mit-leiden auf die Spur kommen, stoßen wir in zweifacher Hinsicht auf das sich uns öffnende Ereignis-Feld des Lebens: einerseits trifft unsere Verursachung von Leiden nicht nur uns selbst, sondern immer auch die ganze Schöpfung; andererseits befinden wir uns in einem uns tragenden Ereignis-Feld, trotz des Erleidens unseres Irrtums.

Wahres, unleugbares Mit-leiden ereignet sich vom Unendlichen zum Endlichen, von der Identität zur Differenz der Kern-$_F$. Durch Sein Teilhaben-lassen und unser Teilnehmen am *Leben-Selbst* stehen wir in der Pflicht, mitzuleiden,[i] wogegen das Unendliche sich selbst in diese Pflicht stellt, mit-zu-leiden mit uns. Es kann sich unserem Leiden *nicht* entziehen, denn das würde unsere Teilhabe an Ihm insofern infrage stellen, als das Dasein ins ausschließlich Endliche zurückfällt und dort als unheilbar – ohne Chance – verbleibt. Im Teilnehmen-lassen an seinem Leiden will sich für uns Sein Teilhaben-lassen bestätigen. Hierdurch sollen wir herausgeführt werden aus allem Beengten, dem Ich-bezogen-sein, und uns öffnen für die universale Dimension des Lebens. Dieses Verhältnis des Unendlichen zum Endlich-Unendlichen wird in Jesu Wort in Gethsemane deutlich: „Könnt ihr nicht eine Stunde mit mir wachen? Das ist die Umkehrung von allem, was der religiöse Mensch von Gott erwartet. Der Mensch wird aufgerufen, das Leiden Gottes an der gottlosen Welt mitzuleiden... Nicht der religiöse Akt macht den Christen, sondern das Teilnehmen am Leiden Gottes im weltlichen Leben".[233]

Der verlorenen Spur unseres Lebens teilhaftig zu werden, ist weder durch einen mentalen Akt noch im Setzen von Akten zu erreichen: dies ist nicht nur missverstanden, sondern irreführend. Jedes abirrende Sich-verfehlen hinterlässt seine

Spuren in den Vermögen des Erkennens. Der gestiftete Schaden muss behoben werden, indem das davon betroffene Bewusstsein durch Entstörung gesundet. Demzufolge kehren sich die entfremdeten Vermögen in ihren wahren Grund, in die Identität der Kern-$_F$. Eine Kehre, die diesen Prozess nicht durchläuft, ist auf dem Weg des Scheiterns.

Auf dem Weg der sich läuternden Erkenntnis-Kraft erhellt sich – *im Wiedererlangen des Verlorenen* – das zuvor im Dunkeln Gehaltene. Wenn sich einer entschieden zur Umkehr aufmacht, kann er erkennen:

1. wie tief das Sündhafte in ihm wurzelt, dessen Reue-empfinden reifen muss;
2. wie trügerisch das Innerweltliche – das Vergängliche – in Wahrheit ist;
3. wie trivial sein wählerischer Wille ist, anstelle dessen er sich für das Nicht-wählen entscheiden muss; [j]
4. wie unumgänglich es ist, dem Leiden Jesu zu folgen.

Hin auf das Ziel – *Leben-Selbst* – muss die Lebens-Flamme als Weg-Weisung entzündet werden.[k] Wie könnte uns sonst Shugyō zu Ihm über das alltägliche Gefangen-sein hinaus in das Unermessliche führen. Was auch immer der Anlass zur Umkehr sein mag, dadurch wird *ein Verlangen nach dem Sich-lichten* erweckt. Dieses Sehnen ist die Voraussetzung für das Entfachen der Lebens-Flamme in uns. Dabei muss uns klar sein, dass wir ohne Zuversicht, nämlich dem *Leben-Selbst* zu vertrauen, ja uns Ihm zu überlassen, den Weg nicht gehen können: „Diese Umkehr können alle Engel und alle Heiligen nicht verleihen noch alles, was im Himmel und auf Erden ist, kein Ding, sondern nur der göttliche Abgrund in all seiner Unermesslichkeit".[234]

Auf dem Weg der Bekehrung ist der innere Prozess, ja die schmerzliche Reinigung des ganzen Mensch-seins[235] unabdingbar; erst hierdurch sammeln sich unsere zerstreut-vergeudeten Vermögen. *Das angehäufte Selbstvertrauen* muss schwinden, nur so kann das Vertrauen auf das Leben-bewährende unerschütterlich werden. Im Verlauf des Prozesses spiegelt sich immer deutlicher unser Tun und Lassen, was den Gegensatz zwischen der vermischten Wahrheit und dem wirklich Wahren uns bewusst werden lässt. Wir kreisen nicht mehr um uns selbst, sondern mit erneuerten Kräften vernehmen wir die Stimme aus der Identität. Warum suchen wir das, was wir vermissen, draußen? Weil wir unser Missverhalten rechtfertigen. Um uns dem wahren Sachverhalt nicht zu stellen, benötigen wir *Sündenböcke*. Die Konflikt-Lösung ist als solche nur in uns selbst zu finden und nicht außerhalb zu suchen. Denn sonst wird der Impuls zur Umkehr im Keim erstickt: Shugyō führt unentbehrlich nach innen.

Ausgehend von der Erfahrung unseres Wahrnehmens sind wir in vielfältiger Hinsicht mit einem Gegenüber konfrontiert: sei es die geschöpfliche oder dingliche Welt, konkret der andere Mensch, oder aber etwas, was in uns selbst – *als Gegenüber* – wahrgenommen wird. All diese Gegenüber sind auf dem Shugyō-Weg für uns Stationen mit erschließendem Charakter. Hierbei ist das Erfahrene, das die Kehre fordert, von uns oftmals nicht angenommen, weshalb dessen Aktivwerden sich ausschließt. Aus dem Ich-sein erschließt sich das Gegenüber nicht authentisch. In dem Masse, wie sich uns *das Selbst-sein* im Erleben des In-der-Welt-seins auftut und auslegt, ist dies ein Überschritt über *das Ich-sein* hinaus: ein wahrer Opfergang. Nun stellt sich die Frage, was ist dafür zu opfern: unser sich selbst setzendes Ich!

Konvergiert das Ausschließen des subjektiven Verstehens zu dessen Einschließen, so kann sich von den Sinnen bis zur Identität der Kern-$_{F}$ ein integriertes Erfahrungs-Kontinuum einstellen. Dadurch werden die Vermögen des Erkennens entstört, so können wir zum zuvor nicht Wahrgenommenen – unzugänglichen Gegenüber – einen Zugang finden. Dieses Etwas wird erst im Sich-lichten *zur Wirklichkeit der Lebens-Flamme*: gegenwärtig kommunizieren wir nun mit dem ureigenen Selbst, welches unser Selbst-sein trägt: in ihm verliert sich das dualistische Erfassen des Gegenübers. In diesem Offenbar-werden des Authentischen ereignet sich in uns das Finden des zuvor Verlorenen, das wir *das Selbst* nennen.

Soll *das Selbst* nicht erneut dem Fall ausgesetzt sein, muss sich der unermessliche Urgrund des *Leben-Selbst* uns auftun. Erst dann wird das erfahrene Gegenüber als Nicht-Gegenüber erkannt: diesen Erkenntnis-Überschritt zu erfahren ist als Möglichkeit in unserer Seins-Wurzel grundgelegt. In diesem Urgrund, worin die verhüllte Existenz unseres Lebens beschlossen liegt, entscheidet sich für uns – aufgrund unserer Taten – Leben vs. Tod, was nicht zu leugnen ist: „Er, der auf dem Throne saß [sagte]: Er habe dem Menschen seinen freien Willen gegeben und ihn durch diesen Willen zur Gemeinschaft mit Ihm fähig erschaffen; der tierhafte und irdische Mensch werde jedoch von dem Fürsten der Finsternis in Unwissenheit gehalten".[236]

Wie soll das Ziel auf dem eingeschlagenen Weg sich als wahre Umkehr offenbaren? Bekehren muss sich von Anbeginn als Abkehr von allem *Ich-will* – vom Wählen – in die Tat setzen. Dieser Akt, der zu vollziehen ist, ist notwendig für das Lösen des Verhärteten in uns, denn das, was *das Einende* ausschließt, soll weiterhin nicht mehr aus dessen Quelle schöpfen. Die Abkehr von allem Missbräuchlichen ist unablässig gefordert: hierbei geht es darum, dem Wahren zu vertrauen. Nur so können wir dem illusionären Tausch entgehen, denn sonst verbleiben wir in der gegebenen Lebenszeit weiterhin in Unwissen. Um *dem Ein-gebildeten*, dessen Ursache das Unwissen ist, nicht zu erliegen, sind wir auf das *Lebens-Selbst* verwiesen, dessen Zurecht-weisen uns im In-der-Welt-sein ernährt und so erhält. *Das ungeteilte Herz* allein vermag sich dem *Leben-Selbst* hinzugeben;[237] ohne den Schmerz – um des Ungeteilten willen – auszuhalten, bleibt das Ihm Widerstreitende in uns am Werk. Umkehr entscheidet sich letztlich daran, wem gebe ich mich hin: dem in der Zeit Gebundenen oder aber *dem alles einenden Einen*, das der Zeit nicht unterliegt. Was wir *anbeten*, dessen *Sich-ein-bilden* nimmt uns in

Beschlag. Deshalb: „Habt im Blick, dass niemand euch zur Beute mache durch Philosophie und leeres Geblend, die sich an Menschenüberlieferung, an die Grundgewalten der Welt und nicht an den Messias halten“.[238]

Kehre ist demnach Abkehr vom Eigen-Willen im Sich-einfinden in den Willen dessen, in dem alles, was lebt, seinen Ursprung hat. Die hier zu setzenden Akte sind existentiell von uns zu vollziehen. Dies erweckt unser Verantworten des Ganzen, um aus dem Vereinzelt-sein herauszufinden, auf dass wir an dem Sich-ereignen im Hier-sein wirklich teilhaftig werden. Kimyō, das Zurück zum Urgrund, wird möglich, indem die darin fundierte Weisung des Lebens aufgefunden wird, denn nur so lässt sich die Problematik der fünf Sinne und des mentalen Bewusstseins offenlegen. Trotz allem verbleibt die anstehende Frage: weshalb kann die – jene Weisung negierende – subjektive Sicht entstehen? Die Ursache liegt in den einlagernden Dispositionen, die um des Wucherns willen mit der Außen-Welt korrespondieren. Deren Trieb-Kräfte lassen uns – gegen den eigenen Urgrund sich widersetzend – herumschweifen und an verschiedenen Objekten haften, was uns ohne weiteres nicht einsichtig ist. Auf dem Shugyō-Weg entdecken wir sukzessiv die willentlich zu erhellende Dunkle-Zone in uns. Dafür muss das Sich-widersetzten wenden, um all unsere Vermögen – ausgehend von den sechs Sinnen – beschlossen in der Abwehr gegen das Streunen zu sammeln;[1] wie sollte sonst ein Zurück in den Ursprung möglich sein.

Das Sich-enthüllen dessen, was das Leben sei, ist vom *gegenläufigen* Sich-mitteilen abhängig. Indes, unser wahres Selbsterkennen ist nur möglich, dass sich *das All-sein des Lebens* – aus sich selbst – uns auftut. In diesem Uns-zuvorkommen liegt das Voraus für das uns zufallende All-erkennen, dessen Ergebnis in *Nicht-Wissen* umschlägt. Unser authentisches Seins-erfahren ereignet sich in seinem konkreten Vollzug mit dem *Gegenüber* für uns als Nicht-Wissen. Es ist der gänzliche Überschritt dessen, was wir Wissen nennen: unser tiefstes Seins-erleben. Ohne eigenes Erleben dies nachvollziehen zu wollen, wäre wiederum ein illusionäres Unterfangen: das Erfahren im Shugyō ist von alters her das A und O.

Hier angekommen sind all unsere innerweltlichen Kategorien zwar nicht negiert, aber von ihrem Abhängig-sein befreit. Der Weg, am Nicht-dinglichen, Nicht-fassbaren, Nicht -vorstellbaren authentisch teilzuhaben, ist jetzt nicht mehr verstellt. Das Hinein-genommen in das Geschehnis aller Geschehnisse ist für uns ein Geheimnis, dessen Schlüssel jedoch im Nicht-Wissen verborgen ist: „Hochpreise ich dich, Vater, Herr des Himmels und der Erde, dass du dieses vor Weisen und Klugen verborgen, Unmündigen aber enthüllt hast. Ja, Vater du, so hat es Gefallen gefunden vor dir. Alles ist mir von meinem Vater übergeben. Und keiner kennt, wer der Sohn ist, denn der Vater – und keiner, wer der Vater ist, denn der Sohn, und je wem der Sohn es mag enthüllen“.[239] Ist nicht doch dies für uns das antwortende Gegenüber! Es hört, weiß um alles und erhält alles, worin es wirken kann, denn es ist frei von allem, wovon wir selbst nicht frei sind. All dies wird im Zutage-treten des wahren Heimkommens, worauf hin Umkehr sich ausrichtet, sichtbar. Das Wohin der Kehre muss sich uns aus der Identität der Kern-$_{F}$ erschließen, denn ihr ist eigen, das Über-sich-hinaus in sich zu bergen: „Diese Wahrheit, die den Geist nährt, ist nichts anderes als das Wort selbst, in dem alles eingefaltet ist und durch das alles entfaltet wird“.[240]

Jedoch, groß ist der Zwiespalt zwischen der Einladung zur Umkehr vom *Leben-Selbst* und unserem sie ignorierenden Verhalten. Ja der Widerstand waltet mächtig,[241] so dass wir das Dilemma unserer erbärmlichen Verweigerung und Sein erbarmendes Mit-leiden nicht realisieren. Wird uns diese Diskrepanz wirklich bewusst, dann mag die Aussage Jesu, in der er seine eigene Geschichte vorwegnimmt, in ihrer ganzen Schärfe – unsere Umkehr betreffend – deutlich werden: „Wenn sie auf Mose und die Propheten nicht hören, so lassen sie sich auch nicht überzeugen, wenn einer von den Toten aufsteht“.[242]

Anmerkungen

Anm. a: Weshalb sich Umkehr, veranlasst durch eine Krise, in einem Fall ereignet und in einem anderen Fall nicht, ist letztlich nicht einsehbar.[243] Ein Teil des Verstehens-Zugangs tut sich auf, wenn wir uns die Kern-$_{F}$ – das Verhältnis der Differenz zur Identität – vergegenwärtigen. Die Differenz ist angereichert mit Dispositionen, die von Handlungs-Akten bezogen auf unser Lebens-Feld – der Auseinandersetzung mit der Welt schlechthin – herrühren. Hier liegt die Ursache, dass in der Regel wir nach außen orientiert leben; das Dispositions-Feld der Differenz liefert hierzu den Stimulus. Das Kräfte-Feld der Identität – frei von Dissonanzen – hat dagegen die Tendenz, alle Vermögen nach innen zu ziehen und zu sammeln, was jedoch in ihrer Wirkweite durch die Differenz beeinträchtigt ist: wie ein Mantel umhüllt diese mit ihrem Sediment die Identität. Hier liegt der Grund, weshalb viele von uns sich in ihren nach außen orientierten Tätigkeiten verlieren und ihnen der Zugang zum eigenen Lebens-Grund mehr und mehr verschließt. Das nach außen orientierte Handeln, soweit es von der Identität entbunden ist, reichert die Dispositions-Felder weiter an. Die Entzweiung der Differenz zur Identität ist deshalb progressiv und verdichtet sich das Sediment. Ein weiterer Grund, um den hier behandelten Sachverhalt zu verstehen, liegt in der Identität selbst: in ihr manifestiert sich unsere authentische Individualität. Als Individuen sind wir geschaffen, dies besagt, die Anziehungskraft ihres Kräfte-Feldes ist von Mensch zu Mensch verschieden. Aus eben diesen beiden Gründen ereignet sich unter äußerlich relativ ähnlichen Voraussetzungen in einem Fall Umkehr und in einem anderen Fall bewegt sich nichts. Es ist die sich unterscheidende Verdichtung der Differenz und das je verschiedene Energie-Feld der Identität, ihre Anziehungskraft betreffend, worin zumindest ein Teil der Ursache für den gesuchten Erklärungs-Zusammenhang zu sehen ist. Außerdem muss noch in Erwägung gezogen werden, dass – eben hierdurch – das rezeptive Vermögen von Mensch zu Mensch variiert.

Ein exemplarisches Beispiel ist einer der Schächer am Kreuz, der Jesus verhöhnt.[244] Er hat trotz der Nähe seiner Hinrichtung, angesichts des Todes, weder seine Vergänglichkeit noch das Darüber hinaus im Blick. In ihm ist die Furcht Gottes – Ehrfurcht und Rechenschaft im Sich-verantworten – nicht wachzurufen, denn sein Hass aus angehäuften Taten ist so tief, das Sediment in der Differenz so dicht, dass ihn die Initiation Jesu nicht trifft. Solange wir unseres Elends im Irrgarten der Vergänglichkeit nicht bewusst werden, daraus ein Sehnen nach dem Unvergänglichen nicht erweckt wird, können wir den Weg zur Umkehr nicht einschlagen. Beim anderen Schächer aber geschieht Umkehr aus der authentischen Erfahrung: Jesus – als Spiegel der gänzlichen Reinheit und Gerechtigkeit – lässt ihn die eigenen Vergehen erkennen. Im Angesicht des Todes kann von ihm alles, woran er sich klammerte, fallen. Da es für ihn keine Möglichkeit des Handelns mehr gibt, kann sich nun die völlige Rückgabe des Lebens ereignen. Indem er einsieht, dass Jesus nichts Unrechtes getan hat, wird ihm das Ausmaß seiner Vergehen deutlich. Diese Einsicht führt ihn zum Erkennen, dass es darum geht, Gott zu fürchten und das Urteil als gerecht anzunehmen; er gesteht seine Vergehen und ist bereit, sich unter das Handeln Gottes zu stellen. Eben daraus erglüht in ihm ein letzter Hoffnungsschimmer auf Vergebung, dass sie ihm geschenkt werden möge.

Anm. b: Es gibt Not, die dem Menschen die Lebens-Chancen nimmt, weil ihm das Elementare des täglichen Lebens verweigert ist. Und es gibt Not-Erfahrungen, durch die das Authentische des Lebens sich erst erschließt, auftut und uns in Wahrheit leben lässt. Von jener ist hier nicht die Rede, sondern das behandelte Dilemma ist der Sachverhalt, dass in Hoffnungslosigkeit Hoffnung keimt und das Befreiende ins Blickfeld rückt. Es ist die mit dem Absoluten uns konfrontierende Not: „Gott ist der Ganz-Andere. Und der Ganz-Andere beginnt dort, wo wir aufhören. Ihm können wir immer nur am Ende unserer Kräfte begegnen. In dem vielleicht, was vor der Welt töricht, für das Gefühl unerträglich, für den Verstand sinnlos ist. Im radikalen Kleinwerden, im Verlorensein, im Untergang wird der Mensch erst mit dem radikal Grossen, dem Absoluten konfrontiert. Wir sollten uns hüten, dem leidenden Menschen diese kostbare Gabe durch unser frommes Geschwätz wegzunehmen, ihn mit unseren vordergründigen Argumenten zu betäuben, bis er sein eigenes Verlorensein nicht mehr erleben kann. Das würde dazu führen, dass niemand mehr in der Welt die Andersheit Gottes erfährt und damit niemand mehr die totale Gabe Gottes empfangen kann. Bis zu diesem Unerträglichsten des Leidens muss jede Existenz kommen, die Anteil haben will am Ganz-Anderen. Erst darin öffnet sich die Welt, vollzieht sich grenzenloser Überstieg, in dem sich eine neue Welt erschafft, nicht aus Menschenkraft, sondern aus der Ohnmacht des Kreuzes, die die Kraft Gottes zu sich zieht“.[245]

Anm. c: Der durch das eigene Wollen leidende Mensch muss der Tatsache des Anhaftens an das Seine gewahr werden. Wird *das zuvor für Wahr-gehaltene* als das Illusionäre aufgedeckt, so ist er erschüttert und fällt in den Zweifel. Indem er den Zweifel, der völlig dunkel und hoffnungslos zu sein scheint, aushält, geht ihm allmählich auf, wie er sein bisheriges Leben auf das Seine gründete. Im Aushalten des Zweifels, der hier erfahrenen abgrundtiefen Angst aus dem anstehenden Selbst-entäußern – *dem Absterben des Eigenen* – zeigt sich das gegen das Leben Angehäufte. Im Zurück-finden des eingeschlagenen Weges wird ihm bewusst, wie missbräuchlich sein Verhalten war. Der Vollzug der Kehre öffnet ihm die Augen für den krassen Gegensatz zum von ihm verweigerten Angenommen-sein. Wer das, was hier seine Spuren hinterlässt, durchlitten hat, erkennt, was das Leben-Verweigernde ist.

Anm. d: Das eigene Wohl und das Wohl der anderen – letztlich die Heimkehr, das Zurück in den Lebens-Ursprung – ist nicht zu trennen. Jeder ist unabdingbar verantwortlich dafür, des *Über-sich-selbst-hinaus* bewusst zu sein. Das eigene Wohl kann erst dann eigen sein, wenn es das Wohl aller ist, worin die Barmherzigkeit ihr wahres Gesicht zeigt, denn: „Nichts ist unbarmherziger als den Menschen vorzuspiegeln, dass sie noch Zeit hätten zur Umkehr".[246]

Anm. e: *Furcht*, die uns auf das *Leben-Selbst* hin öffnet, ist ein tragender Beweggrund der Umkehr, weil von ihr her sich das rechte Verständnis für *unser In-der-Welt-sein* auftut. Sie hat ihren Wurzelgrund in der – sich selbst einsichtig gewordenen – Identität der Kern-$_F$. Sie tut die transparent gewordene Treue zum *Leben-Selbst* als die allen Widersprüchen enthobene und durchlichtete reine Furcht kund: *Ehrfurcht*! Zweifelsohne erwacht aus der Einfalt des Herzens ein Wille, dessen Tun sich aus der Identität erhellt, und zwar im sich einenden Empfinden und Neigen: Ehrfurcht hat keinen Mangel, denn in ihr erfahren wir die Fülle des Allgegenwärtigen.

Anm. f: Was jedoch in der Tat unsere Umkehr blockiert, ist Furcht vor dem Verlust dessen, an dem wir haften. Das uns Fesselnde sind Gedanken, Vorstellungen, Gefühle oder aber das zum Objekt Erstarrte, welches sich als *ein Surrogat* in unseren Lebensbezügen etabliert. Hierin zeigt sich das Unstäuschende als Pseudo-Vorgaben unseres Lebens: entschieden trotzen wir der Sinnfrage – der Umkehr – und lassen uns verführen. Auch im Anhaften liegt etwas, das uns bindet und mit den Dispositionen korrespondieren lässt. Auch das Haften an kreativem Sich-äußern, das mit den Dispositionen korrespondiert und so die Schöpferkraft metabolisch spiegelt, kann uns in seinem Fixiert-sein festnageln. Ohne diese verstellte Sicht aufzusprengen, identifizieren wir uns immer mit etwas, was unser Leben entstellt.

Anm. g: Menschen-Furcht ist vielfach die Ursache dafür, dass nicht nur das dem Leben zuträgliche Handeln nicht geschieht, sondern vielmehr sich ersetzt durch das ihm abträgliche Tun. Sie überfällt uns in einer Handlungs-Situation wie eine Wolke und hüllt in Dunkel. Das dem zu vollziehenden Handlungs-Akt angemessene Empfinden kann sich nun nicht aktualisieren, dagegen wird das aus dem Ich haften sich gebärende Eigene bestimmend für das zu Bewältigende. Feigheit ist es, die vor dem mit dem Leben übereinstimmenden Akt zurückschrecken lässt. Der Feige weicht dort aus, wo es gälte, sein gesuchtes Image zu demaskieren. Aus der Enge seines Gefängnisses herauszufinden und sich für das Einlassen der Lebens-Kraft zu öffnen, bedingt, mit völliger Entschiedenheit ein ihn befreiendes Handeln zu riskieren.

Anm. h: Es gibt auch eine dunkle und schwer zu fassende Furcht, die das, was so nicht zu fürchten ist, fürchtet, weil sie in dem, das zu fürchten wäre, haust, ohne es jedoch zu durchschauen: ist sie die das *Leben-Selbst* abweisende Furcht, letztlich seine Verneinung? Gefesselt und gequält befindet sich so jemand in einem großen Leiden. Aus seinem Sich-rechtfertigen – aus dem Hadern im Vergleichen mit anderen – folgt Neid und Hass. In dieser exponierten Art von Furcht mag wohl *die Sünde gegen den Heiligen Geist* ihren Wurzelgrund haben. Darin zu beharren, kann sogar sukzessiv das Verlangen erlöschen, diesem Dunkel zu entkommen, ja zu fürchten, der Furcht zu entfliehen.

Anm. i: Mit-leiden, das Werk des Erbarmens, kommt aus dem ungeteilten Herzen, das keine Anhaftung kennt; es ist frei von jeglicher Erwartung im Handeln.[247] Dies ist in der Geschichte der Menschheit verschiedentlich wahrgenommen und verwirklicht. Der Buddhismus hat durch Shugyō klar erkannt, dass das von Unwissen befallene Herz *aus Mitleid*, nicht aber *aus Mit-leiden* handelt. Für ihn ist die bedingungslose Barmherzigkeit – frei vom Objekt, der daraus entstehenden subjektiven Sicht – das eigentliche Ziel, das ohne Erwachen nie erreicht werden kann. Allein das Erbarmen – aus der Einsicht, dass das unerwachte Herz lügnerisch, illusionär, ja unwahr ist – vermag ohne Ansehen der Person allen Gutes zu erweisen.[248] Ein Handeln aus Erbarmen – Mit-leiden – darf keine Rückerstattung erwarten, woraus sich wahre Güte ereignet. Wo und wie sie wirklich notwendig ist, vermag allein das bekehrte Herz zu prüfen, es sei denn, dass dieser Impuls unmittelbar aus der Identität kommt. Normalerweise ist jedoch Mitleid weitgehend gefühlsmäßig bestimmt, das sich zwischen Anteilnahme und Gleichgültigkeit bewegt, denn es kann nicht frei sein vom selbst belasteten Erfahren. Kennen wir diese Art des Mitleidens nicht, so sind wir nicht belastet mit dem eigenen Wollen: ein echtes Zeichen für das bekehrte Herz. Erst hier ist das Tätig-sein authentisch hinsichtlich der Anteilnahme am Leben. Jedoch, insgesamt lässt sich sagen, die Art der Beteiligung am Schicksal eines anderen ist fast ausschließlich im phänomenalen Erfahrungs-Kontext gebunden, so dass sie die Fixierung auf das Vergängliche kaum zu überschreiten vermag. Ihre Handlungsweite ist deshalb kurzsichtig, begrenzt und zwiespältig. Das zugrunde liegende innerweltliche Gebunden-sein ist hier die Basis, weshalb auch die Früchte daraus kaum je die Betroffenen freisetzen: dies gilt sowohl für den Mitleid-bezogenen als auch für den aus Mitleid Handelnden. Ja, in vielen Fällen verbirgt sich im Agierenden selbst ein Schrei nach Mitleid. Von ganz anderer Art ist Wahres Mit-leiden, dessen klarer Blick am Vergänglichen nicht anhaftet. Durch dieses Beteiligt-sein *am Seins-ganzen des Betroffenen* öffnet sich ihm das Tor zum Leben, das ihn selbst freisetzt zu handeln.

Anm. j: Die Tatsache, dass wir alle von Unwissen befallen und darum nicht frei vom Ich-Willen sind, vermögen wir aufgrund unserer eigenen Blindheit nicht einzusehen. Wir geben uns Mühe wie der ältere Bruder[249] oder die Arbeiter, die vom frühen Morgen an im Weinberg arbeiteten,[250] um unser Hier-sein damit bewältigen. Trotzdem sind wir nicht frei von dem *Um-zu,* was in all unserem Tun dominant ist. Gefangen in diesem *Um-zu* behaupten wir uns in allem. Wüssten wir um das Mit-leiden des Vaters, dann würden wir reumütig uns dem Leben an sich stellen und erkennen, weshalb Er sich über die Heimkehr eines Verlorenen freut. Weil sowohl der ältere Bruder als auch die Arbeiter im Weinberg Rechenschaft fordern, werden sie, obwohl sie die Ersten waren, die Letzten. *Ein reumütiges Sich-der-Kehre-öffnen lässt teilhaben am Mit-leiden des Leben-Selbst.*

Anm. k: Das Anzünden der Lebens-Flamme hat zur Bedingung, dass sie durch eine Initiation entfacht wird. Ihr Ort – bildlich gesprochen – liegt in der Identität der Kern-$_F$. Dafür ist der Weg zu bereiten, so dass die initiierende Kraft in das Innerste durchdringen kann, nämlich die Identität – unberührbar von äußeren Einflüssen – erkennt sich selbst, indem sie von einer ihr entsprechenden Kraft erweckt wird. Wir wagen, das in uns Erwachte *die Liebes-Flamme* zu nennen: aus ihr wollen sich wahre Früchte des Lebens zeitigen.

Anm. l: Aus dieser Sicht ist im Buddhismus *Mushin* 無心 – das wahre Herz – sehr betont: es hat keinerlei boshafte Absichten und ist frei von allem irrigen ich-haften Erwägen. Allein dieses Herz vermag sich zu öffnen für *Isshin* (一心), denn so berührt es das absolut Wahre, den Grund aller Phänomene des Universums.

Wisse um dein Selbst-sein

Wollen wir wissen, was uns im Innersten bewegt und erhält, ist es nicht zu umgehen, die unterscheidenden Merkmale der Seelen-Kräfte – *der Kerrn-*$_{F}$ – in uns offen zu legen: des niederen Seelen-Teils genannt *Differenz* und des oberen Seelen-Teils genannt *Identität*. Weil die Rangordnung innerhalb der Kern-$_{F}$ aufgrund der Erbsünde gestört ist, kann der Konflikt zwischen diesen beiden Kräften nicht einsichtig werden; er durchwaltet uns von der Geburt bis zum Tod. Im hier dargelegten Versuch geht es darum, wie wir diese Urstörung erkennen können, um mit ihr zu ringen. Auf dem Weg – das Gesuchte zu erringen – sind wir nicht allein, denn all jene, die ebenfalls sich aufmachten im Suchen nach der Wahrheit, teilen mit uns ihr Erfahren. Ein Ringen mit dieser fundamentalen Störung ist nämlich Shugyō, dessen Verwiesen-sein wir nicht vergessen dürfen, denn das Gelingen muss uns geschenkt werden.

Die Differenz ist sich selbst – aufgrund des Gefallen-seins – nicht einsichtig. Zumal das ich-hafte Begehren in ihr sein Wurzel-Feld hat, sind ihre Vermögen befallen von dem Virus des Erhebens gegen Gott: eben daraus zeugen sich die Gestehungs-Akte im Herabsetzen der Identität der Kern-$_{F}$. Dem Mangel aus dem erweislichen Gespalten-sein entkeimt nun ein zwanghaftes Ausschau-halten nach *Etwassen*, nämlich nach Objekten, um das im Innern erfahrene Entfremden zu übertönen. Nichts ist in der Welt, das durch uns der Degradierung zum Objekt nicht verfällt:

a) dinglich-greifbare Objekte;
b) selbst-erzeugte ideelle Objekte;
c) fremd-erzeugte suggestive Objekte.

Allen Objekten, was sie auch sein mögen, ist das Spezifikum des damit sich Identifizierens eigen. Wir binden uns somit an das offenbar aus Not Gewählte oder sogar an das Aufgezwungene. Wer nach dem Spirituellen strebt, um damit seinen Identitäts-Mangel – sei es bewusst oder unbewusst – auszugleichen, steht in der Gefahr, dass er das Zeitliche mental, imaginativ oder emotional zu überschreiten sucht, wodurch er sich leicht im Irrgarten der Objektwelt verliert. Jedoch, dieser Sachverhalt ist versteckt und deshalb ist es schwierig, ihn in den Blick zu bekommen, da es sich hierbei um das Überzeitliche handelt.

Verstärkt sich durch die Übung das innerweltliche Instrument, *der Ich-Anspruch,* dann mündet das Sich-absolut-setzen des Erzielten in das Vergängliche, aus dessen Fangnetz es mühsam ist, zu entkommen. Dadurch, dass die Differenz der Kern-$_{F}$ somit blindlings ausgerichtet auf das sinnlich Wahrzu-nehmende ist, ist das In-einsicht-nehmen dessen, was faktisch hier vor sich geht, noch weniger möglich denn zuvor. Das hiermit sich einstellende Überzeugt-sein erweist sowohl intern als auch extern den zu gehenden Weg als authentisch. Die sich selbst suggerierende Kraft, obwohl wir nach wie vor im instrumentellen Erkennen gebunden sind, lässt uns mit guten Gewissen glauben, wir stünden auf der Seite der Wahrheit: dies zeigt, wie sehr wir uns im Akt-Feld des Illusionären bewegen!

Authentisches Wahrnehmen kann uns zukommen, sofern dessen Mit-teilen aus der Identität der Kern-$_{F}$ veranlasst ist. Nur sie vermag die Komplexität einer größeren Einheit zu vermitteln, der Differenz dagegen ist es nicht eigen. Unbegreiflich ist, dass sie sich von ihrem absoluten Verwiesen-sein auf die Identität ausschließen kann, als ob sie völlig autark wäre. Jedoch, soll sich Ihr Anteil-nehmen an einem größeren Ganzen einstellen, ist ihr Sich-integrieren-lassen in die Identität vorausgesetzt: ohne Shugyō können wir die Notwendigkeit der geforderten Integration nicht einsehen. Weil sich die zeitliche mit der überzeitlichen Charakteristik vermischt, zeigt sich ein Mangel an Transparenz vor allem in den gewirkten Früchten aus der religiösen Praxis. Eben weil die notwendige Differenzierung im Verhältnis der Differenz zur Identität uns wenig bewusst ist, gibt es hier – aus Uneinsichtigkeit – viel Zu-erleiden. Zweifelsohne lässt uns eine differenz-orientierte religiöse Praxis das Wahre, ja das Heilige, nicht wirklich erfahren, sondern sie verstellt uns gerade die Nahtstelle zu demjenigen, das uns im eigentlichen Sinn leben ließe. Keinesfalls dürfen wir vergessen: die himmlischen Kräfte wollen uns mit allen Mitteln vor dem Verdinglichen des Lebens bewahren, denn sonst folgt daraus Schaden-stiftendes.

Über das, worüber es – aus den sogenannten humanitären Gründen -- nicht mehr erwünscht ist, zu reden:

- über die Ursünde: das Gefallen-sein – durch die Versuchung der Schlange – aus der Einheit allen Lebens, dies aufgrund des Ungehorsams;
- über das Böse: seine Feindseligkeit gegen das Leben an sich ist mit seinem gebieterischen Anspruch am Werk, dessen wirkliche Strategie sich uns verschleiert;
- über das sündhaft Zerstörende: dessen Leugnen wird sukzessiv adaptiert, denn Sünde, deren Bewusst-werden einst das Gewissen berührte, gebe es nicht, was für das Kollektiv legitim ist;
- über den Mammon: er breitet sich über die Menschheit aus wie ein Netz, um alle zu unterjochen. Wo wir an der Achillesferse verwundbar sind, will er uns – wie jenes Fallen im Garten Eden – treffen, sei es im Haben-, im Sein- oder im Wissen-wollen;
- über das sühnende Büßen: gemäß dem Commonsense sei diese Art des Leidens veraltet, denn das erkrankte Bewusstsein soll nun instrumentell geheilt werden;
- über das Kreuz: um unserer freien – eigentlich willkürlichen – Entscheidung willen soll das Hindernis, nämlich das Kreuz, beseitigt werden, als ob der Sinn unseres Lebens im eigenen Leisten seine wahre Gestalt gewinnen könne und nicht durch den Tod Jesu am Kreuz;

– überhaupt: die Verdinglichung des Lebens ist gesellschaftlich legitimiert. Dem Kollektivismus ausgeliefert durchschauen wir immer weniger das wahre Gesicht der permanenten Neuerungs-Sucht und finden keinen Halt. Um des Fortschrittes willen wird die Menschheit manipulativ ausgerichtet hin auf *das kommende Glück.*

Die hier offengelegte Grund-Neigung, welche *unsere Ehrfurchtslosigkeit* charakterisiert, lässt uns sowohl das Dankbarsein gegenüber dem Schöpfer als auch den wahren Sinn unseres Hier-seins aus den Augen verlieren. Demzufolge können wir nichts anderes als völlig auf unser instrumentelles Bewusstsein vertrauen und mit ihm sowohl das Zeitliche als auch das Überzeitliche auslegen und daraus handeln. Jedoch, das Verwiesen-sein auf das *Leben-Selbst* ist das Maß für uns, im In-der-Welt-sein gilt es, die uns ursächlich aufgetragene Pflicht zu verantworten. Wird dies – aus welchem Grund auch immer – übersehen, ja, übergangen, dann sind wir auf uns selbst zurückgeworfen und müssen alles selbst bewältigen. Schneiden wir uns damit nicht doch die Nabel-Schnur ab, da gerade sie uns *mit allem, was lebt,* verbindet: so wird die Einsamkeit unser Brot, das wir verkosten!

Ist hier *das Gebot der Liebe* – der damit sich erhellende Kern des Lebens – nicht exemplarisch? Bewahrheiten lässt sich sein äußerst biblischer Anspruch nur aus dem reinen Herzen, dessen Differenz von der Identität der Kern-$_{F}$ erfüllt ist.[251] Unser tägliches Ringen aber verhält sich gemäß der Erfahrung diesem Gebot zuwider. Eben weil dies in die Tat zu setzen bloß differenz-orientiert ist, ist es im Miteinander für uns sehr schwierig zu realisieren, ja sogar bleibt es uns fremd: wie könnten wir das Liebes-Gebot alsdann ohne dessen Degradierung halten! Die Ursache unseres Misslingens im Miteinander können wir wegen unserer Blindheit – gesteuert von Interessen – nicht sehen. Würden wir das eigene Nichtig-sein im Selbst-erkennen nicht verweigern, wären wir nicht blind: so aber suchen wir die Schuld immer beim Gegenüber. Weil wir nichts anderes kennen, als die Differenz der Kern-$_F$ zu verabsolutieren, ja uns mit ihr fraglos zu identifizieren, versuchen wir jenes Gebot weitgehend innerweltlich zu handhaben. Leider ist uns die Tatsache kaum, ja eigentlich nicht bewusst, dass wir die Differenz als das von uns Zu-verdinglichende betrachten. Obwohl daraus viel Leiden entsteht, übersehen wir doch ihre *Wider-Natürlichkeit*, deren Bewusst-werden uns nur aus der Identität zugeeignet werden kann.

Das relationale Moment der Bewandtnis von Identität und Differenz im Blick zu haben, ist für *Wisse um dein Selbst-sein* entscheidend. Das relational Verbindende ist hier das Licht der Identität, dessen ordnender und zugleich kommunizierender Faktor gleichnishaft wie Sonnenstrahlen in allen Bestandteilen der Materie zu entdecken ist. Eben dieser Faktor ist in der Differenz angeschlagen durch ihre etablierte Widersetzlichkeit, in die alles Leben miteinbezogen ist. Fortan ist das unterscheidend Trennende jenes relationalen Momentes zu klären: die Differenz ist zwar Bestandteil der elementaren Materie, aber sie kann sich darüber hinaus öffnen, sofern sie sich reinigt und dadurch entstört. Weil die Identität nicht ein Bestandteil der Materie ist, ist sie ausschließlich dem Licht des Lebens zuzuschreiben und kann unmittelbar mit dem *Leben-Selbst* in Berührung kommen. Das Heilsame allen Lebens beruht auf dem ordnend-kommunizierenden Faktor des Lichtes, dessen Ursprung das *Leben-Selbst* ist.[252] Wir sind der im Leben gründenden Ordnung beraubt, haben dessen Licht missbraucht und sind so an allem Widersprüchlichen zum Leben beteiligt. Wollen wir, anstatt im Unheil-sein zu verharren, die Heilung erfahren, so will eben die Weisung Jesu die Wurzel allen Übels in uns treffen und sie freilegen, denn, wie könnte das Licht in uns Einzug halten, ohne dass zuvor die Finsternis weicht. Deshalb: „Liebe den Herrn, deinen Gott, mit deinem ganzen Herzen und mit deinem ganzen Leben und mit all deinen Sinnen. Das ist die große und erste Weisung. Eine zweite aber ist ihr gleich: Liebe deinen Nächsten wie dich selbst“.[253] Für uns geht es hier um die Offenlegung des relationalen Vereint-sein. So sind wir unabdingbar auf das uns Einende aus der Identität verwiesen, das unserem Verschieden-sein zuströmen muss: ohne sich in die Wirkkraft der Identität zu integrieren, kann die Differenz keine Alternative für ihr Heil-werden finden.

Das anstehend Zu-lösende ist das sich selbst objektivierende Bewusstsein der Differenz, deren Einsichtig-werden nicht mittels des instrumentell klärenden Erfassens zu bewältigen ist. Jeder Akt, der aus dem differenz-orientierten Bewusstsein veranlasst ist, verhält sich gegen jenes Gebot. Dessen Konsequenz legt Jesus in seinen Wehrufen[254] offen: die Misere, die Er uns spiegelt, will auf den von uns zu beschreitenden Weg verweisen; übersehen wir hier nicht, sofern wir uns mit dem differenz-orientierten Bewusstsein identifizieren, sind wir alle Schriftgelehrte und Pharisäer. Nur im Verlassen *des Thronens auf seinem Selbst* – sei es realiter oder suggestiv – lässt sich das ich-haft gesteuerte Bewusstsein überwältigen: „Haßet das Böse und liebet das Gute und haltet aufrecht im Tore das Recht".[255] Scheuen wir uns nicht, im Überwinden von innerweltlich Gerechtfertigtem *den Schrott und Müll* zu entdecken. Erst so kann *die Einsicht deiner selbst* Früchte tragen: wisse, aus dir selbst bist du nichts. Soll sich das relationale Feld von Identität und Differenz lichten, sind wir auf die ordnend-kommunizierenden Vermögen, die allem Leben zugrunde liegen, verwiesen. *Im Durchschreiten des Tores* – vom Tod ins Leben – will sich unser Nichtig-werden einstellen, das die Finsternis in der Differenz vertreibt. Das relationale Moment verbindet die Zeitlichkeit mit dem Überzeitlichen. Gesundet es, so kann *das durch den Fall Verlorene* uns wieder zukommen: die neue, wahre Geburt in uns.[256]

Dies bedingt das Gesunden der ordnend-kommunizierenden Obliegenheit von Identität und Differenz, damit die Priorität des Überzeitlichen – nicht des Zeitlichen – gewürdigt wird. In ihm ist der gesuchte Schlüssel zu finden, mit anderen Worten, nur der Identität ist die Fähigkeit eigen, dass sich das Not-wendende einlöse: so kann auch das Zeitliche seine wahre Bestimmung erhalten. Dafür müssen wir die Identität – das Sein ihrer Selbst – klarer in den Blick bekommen. Im Hinblick auf das zuvor Dargelegte – eben ausgerichtet auf die Identität – weist Jesus uns den Weg zum Vater, wenn er sagt: „Vater – heißt euch nicht so, ihr auf Erden. Denn nur einer ist euer Vater – der himmlische".[257] Die Identität war zuvor doch negiert, besser gesagt, von der Differenz degradiert und als etwas Feindseliges betrachtet, was man willentlich übersieht. Was wir jedoch keinesfalls übersehen dürfen:

- die Identität verweist auf die Quelle unseres Lebens-Impulses, den himmlischen Vater;
- die Differenz verweist auf unsere Genealogie, die irdischen Vorfahren, nämlich Väter und Mütter;
- das uns spaltende relationale Moment zwischen Identität und Differenz kann, ja will durch Christus aufgehoben werden, durch Seinen uns mit dem Vater versöhnenden Akt.

Niemand täusche sich: mit dem Lebens-Grund identisch zu sein, kann der Mensch von sich aus nicht bewältigen. Deshalb identifizieren wir uns mit dem differenz-orientierten Bewusstsein. Dessen Folge ist Ehrfurchtlosigkeit, die uns den Weg zum himmlischen Vater verstellt. In seiner Konsequenz erfahren wir Mühsal, sie signalisiert uns zwar ständig, aufzuwachen, aber der dafür zu begleichende Sold scheint vielen zu hoch. Jedoch, unsere Beteiligung am Weg, den Jesus mit uns gehen will, kann seine wahren Früchte tragen, indem wir uns auf seine Weisung einlassen: „Der Größte unter euch sei euer Diener. Wer sich selbst erhöht, wird niedrig gemacht, und wer sich selbst niedrig macht, wird erhöht".[258]

Die Weisung Jesu darf nicht bloß innerweltlich ausgeübt werden, sondern sie richtet sich viel mehr auf das Darüberhinaus. Erst dadurch, dass wir auf den, der das Verborgene sieht, uns völlig verlassen, wird unser Handeln – sei es bewusst oder unbewusst – von jeglicher Absicht befreit. Wie wir nun deutlicher sehen, erwartet uns ein tief klärendes Eindringen in unsere Erkenntnis-Vermögen, ein Bewusstseins-Wandel, dessen Weg wesentlich an die von uns zu setzenden Akte gebunden ist. Jedes differenz-orientierte Handeln, auch wenn es aus einem guten Beweggrund geschieht, ist und bleibt auf dieser Ebene des Bewusstseins eher problematisch. Betrachten wir in dieser Hinsicht das Symptom für ein helfendes Handeln, so stellen wir fest, dass es sowohl den Handelnden selbst als auch sein Gegenüber, worauf hin sich der Handlungs-Akt richtet, zwanghaft bindet; solch ein Akt hinterlässt Spuren, die ein Leben eher verdinglichen, anstatt ihm wirklich einen Dienst zu erweisen. Das Helfen ist sowohl von dem in der Absicht gebundenen Akt zu differenzieren, als auch von seinem indirekt signalisierten Notschrei: ich bedarf der Hilfe. Keinesfalls darf damit der Anspruch verbunden sein, den zu Helfenden im Handeln zu binden; sonst ist der Helfende – in sich geblendet – Interessen gesteuert:

- Gutes zu tun trotz des Nicht-wissens, was man eigentlich tut, macht uns noch unfreier denn zuvor: dieser Art des helfenden Agierens ist gängige Praxis. Sein Handlungs-Impuls speist sich aus dem Identitäts-Defizit, das im zweifacher Hinsicht – persönlich und kollektiv – mittels helfender Akte sucht, sich selbst zu bestätigen;

- unser Handeln ist zwar unfrei und macht unfrei, aber durch Shugyō kann in uns – nach vielen Jahren der Übung und des Verzichtens – die Einsicht reifen, um das bisher praktizierte Hilfe-leisten zu durchschauen: das In-einsicht-nehmen des Nicht-vermögens ist nun im Durchleiden des ich-haften Gefesselt-seins zu tragen;

- das Handeln Jesu dagegen ist absolut frei und macht frei: durch Sein Eins-sein mit dem Vater ist dies bezeugt;

Zweifelsohne sind wir verpflichtet, die Not des anderen mitzutragen, dies je nach dem gegebenen Vermögen. Die daraus entstehende Bindung muss nicht negativ sein, sondern ist ein Verweis, wie wir im Miteinander unser Leben zu bestehen haben. Einer trage des andern Last; dies ist ein das Leben solidarisierendes Helfen, und zwar: „Wenn du Almosen gibst, so merke deine Linke nicht, was deine Rechte tut, damit dein Almosen im Verborgenen sei. Und dein Vater, der ins Verborgene blickt, wird dir vergelten".[259]

Nun ist und bleibt die Frage, wie das relationale Moment von Identität und Differenz wahrheitsgemäß zu bestimmen ist. Worin besteht das kommunikative Moment zwischen beiden? Im Unfassbaren der Identität: um zu ihm den Zugang zu finden, muss auch etwas in der Differenz gegeben sein. *Es ist das Licht.* Auch in der Materie ist Licht: je mehr die Differenz sich reinigt, desto klarer kommuniziert sie mit der Identität. Dadurch kann die Differenz ihr wahres Verwiesen-sein auf die Identität bejahen und annehmen. Ist das nicht doch ein Verweis, wie wir die Materie – die ganze Schöpfung – mit heimbringen sollen. Ja, auf welche Art dies geschehen soll, ist uns letztlich mit *der gereinigten Differenz* gegeben.

Dem Dargelegten ist ein Prozess-Feld unterlegt, das wir nun in groben Zügen versuchen offen zu legen. Damit berühren wir dasjenige, in dem alles Geschaffene gründet. So will sich uns in der Schöpfung die Akt-Dynamik des Lebens sinnbildlich offenbaren. Das zu sichtende Ereignis-Feld, in dem sich unser Hiersein entspinnt, ist bezogen auf das All-samt zu entfalten:

Vergangenheit	↔	Gegenwart	↔	Zukunft
↕		↕		↕
Vater	↔	Sohn	↔	Hl. Geist
↕		↕		↕
Gedächtnis	↔	Verstand	↔	Wille

In der *Vergangenheit* birgt sich unser wahrer Ursprung, der Vater; das Woher soll, ja will uns im Rückerinnern verlebendigt werden. Nur im *Gegenwärtig-sein* – im Hier und Jetzt

– kann uns der Sohn sein überzeitlich lichtendes Moment erschließen. Das uns *Zukommende* – sein wahres Wirklichwerden – ist auf die Akt-Dynamik des Vaters und des Sohnes im Heiligen Geist verwiesen: eben sie erschließt uns im Hl. Geist das Zukünftige. Erst im Shugyō erfahren wir das uns irritierende Pendeln zwischen Gedächtnis, Verstand und Wille, was in der Übung selbst äußerst schwierig zu bewältigen ist. Ohne das Entstören des Pendelns kann unser Leben, bezogen auf Vergangenheit, Gegenwart und Zukunft, seine wahren Früchte nicht tragen.

Übertragen wir das tägliche Ringen mit der Realität unseres In-der-Welt-seins auf das seelische Verfasst-sein, so kann sich uns ein Einblick in das Ringen auf dem Shugyō-Weg gewähren.

Identität ↔ Jesus-Christus ↔ Differenz

Das Kommunizieren zwischen der Identität und dem Licht des Lebens ruft ihr den wahren Vater im Himmel ins *Gedächtnis*. Der *Verstand* erwacht im Hier und Jetzt, worin der Sohn sich offenbart: in Ihm will unser Unheil-sein aufgehoben werden, an dem die Vernunft partizipiert. Dieses Aufgehoben-werden motiviert den *Willen*, um den Eigen-Willen aus seinem Identifizieren mit der Genealogie, was die Licht-Quanten in der Differenz versklavt, zu entbinden. Das hierfür notwendige Entbinden verweist auf den Heiligen Geist, das erhabenste Feuer des Lebens. So hinterlässt die Trinität überall ihre Spuren. Weil die Materie Licht-Quanten in sich birgt, besteht durch das Entbinden der Licht-Quanten in der Differenz überhaupt eine Chance, dass wir uns nicht mehr gegen, sondern für das Leben entscheiden. Wird die Differenz der elementaren Materie zugeordnet, die Identität der Kommunikation mit dem *Leben-Selbst*, dann ist das trinitarische Moment, das alles durchdringt und erhält, für uns nicht mehr etwas Irreales. Wie die Sonne alles – den Kosmos, die Schöpfung, die Geschöpfe – gleichnishaft durchlichtet, so ist das Licht des Trinitarischen absolut das Sich-öffnende für das Mit-samt des All.

Außerdem darf eine weitere *Dreiheit*, der – wie alles zuvor Offengelegte – das einende Prinzip zugrunde liegt, nicht übersehen werden:

das Ordnende ↔ das Akt-dynamische ↔ das Kommunikative

X) alles vom Schöpfer Erschaffene trägt eine je angemessene Ordnung in sich. Durch den Sünden-Fall ist die hier grundgelegte Energie entfremdet und dadurch das Ordnungs-Prinzip angeschlagen, gestört und verwirrt, so dass dieses verdrehte Prinzip dem Zerstörer selbst zu Diensten steht.

Y) jeder Atemzug kommuniziert mit dem ganzen Kosmos, zweifelsohne auch mit dessen Gestört-sein. Jeder Seelen-Impuls ist ebenfalls ein Atmen: tragend und aufbauend, aber auch verkümmert, sogar vom das Leben Zerstörenden überwältigt und darin gebunden. Das Einwirken dieses Impulses teilt sich dem Willen des Menschen mit, daraus entstehen die Akte, die das Leben entfalten oder zerstören.

Z) der Impuls allen Lebens gründet in der trinitarischen Akt-dynamik. Deshalb ist es gerechtfertigt zu sagen: Gott ist allgegenwärtig. Öffnen wir uns dieser Gegebenheit, so können wir ihres Impulses bewusst teilhaftig werden. Schließen wir sie aber aus, dann können die Kräfte, die unablässig das Leben stören, ja zu zerstören trachten, ihr Einfluss-nehmen auf das Ganze ausdehnen, dies, indem das Gegenwärtig-sein nachgeäfft wird; und wir verfallen ihrer List.

∑: das Feuer; der Wind; das Wasser, das auch – egal in welcher Formation – zur Aufnahme der Informationen fähig ist; die Planeten; die Erde selbst; doch: in allem ist das Licht, das ein verdunkeltes Herz nicht wahrnehmen kann. Deshalb sagt Jesus: „Meine Schafe hören meine Stimme, ich kenne sie, und sie folgen mir".[260] Er will eben damit die überzeitliche Dimension der Akt-dynamik – das ordnende und kommunikative Sich-ereignen – bewusst in unser Blickfeld rücken.

Endnoten

Mumyō: des Versucht-werdens Abgründigkeit

1 Hebr 2,18
2 → Mt 4,1-11
3 → Joh 6,33-35
4 → 1 Petr 1,7; Jak 1,3
5 → Apg 5,17ff; 6,8ff
6 → Joh 14,6
7 → Mk 1,16-18
8 Mt 10,17

3 Ausgleich: Ersetzung des Mangels

9 Ps 19,13
10 → Mt 13,24-30
11 → Mt 7,26f
12 → Mt 13,12
13 Mt 7,22f
14 → Johannes Tauler, Predigten Bd.1, Pred. 18, S.123-131

4 Inneres Gespalten-sein

15 Weish 1,1-13
16 → Gen 3,8-10
17 → Tauler, Bd. 2, Pred.72, S. 554-562
18 → Joh 3,1-21
19 → Mt 4,4
20 Joh 12,24a
21 Joh 12,24b
22 → 2 Kor 5,15
23 Rom 3,23
24 Bonhoeffer, in: Bonhoeffer-Brevier, Chr. Kaiser Verlag, München, 1968, S. 256

5 Gegenwärtig-werden: das ungeteilte Herz

25 Mt 12,30
26 → 1 Joh 5,1-12
27 Tauler, Bd 2, S.560

28 ebd.
29 Mt 5,37
30 Tamaki Kōshirō, Dōgen Bd.1, Shinjūsha, Tokyo, 1996, S. 214
31 ebd. S. 346
32 → 1 Joh 3,9

6 Des All-ichhaften Begehr: dessen Refugium

33 Lk 12,15
34 → Mt 15,1-20
35 Hölderlin, Werke und Briefe, Bd. 1, Hg. F. Beisener u. J. Schmidt, Insel Verlag, 1981, S. 289f
36 Tamaki, Dōgen, Bd. 1, S. 35f
37 Tamaki Kōshirō, Nōkan to Gedatsu, Tetsugaku Shobō, 1996, S. 51
38 Dōgen Zenji Zenshū, Bd2, Hg. V. Dōshū Ōkubo, S. 430
39 ebd. S. 480; →1 Kor 3,18-20
40 → Phi 2,13
41 Mt 6,22f
42 Suttanipāta Nr. 33-34; → Mt 10,37-39
43 Tamaki, Dōgen, Bd. 1, S. 225; → Lk 14,33

7 Selbst-Bescheidung: Arm-sein im Geiste

44 Weish 7,24-26
45 Edith Stein, Endliches und ewiges Sein, Nauwelaerts Louvain/ Herder, Freiburg, 1986. S. 53-58
46 → Mt 7,6
47 → 1 Kor 12,4-7
48 → Lk 11,52
49 → Eph 6,10-12; Gal 5,16-18
50 → Mt 11,25-30
51 → Joh 15,1ff; Röm 12,4ff
52 Josef Quint: Meister Eckehart, Deutsche Predigten und Traktaten, Diogenes, 1963, S. 160
53 → Mt 6,9-13
54 → Mt 5,3
55 Gerard Rosse: Der Pfarrer von Ars, Gedanken und Predigten, Verlag Neue Stadt, 1995, S. 125

9 Unentschieden: Pendeln zwischen Wahrheit und Lüge

56 1 Joh 1,5b-6
57 Joh 5,43
58 → Mt 10,28

59 Mt 11,28-30
60 → Johannes Tauler, Predigten Bd. 1, Prde. 20; → ebd. Bd. 2, Pred. 62, S. 477-479
61 → Mt 7,13f
62 Offb 3,15f

11 Ermangeln des inneren Wahrnehmens

63 Lk 12,57
64 → Lk 12,54-56
65 → 1 Joh 4,1-6
66 → 2 Kor 11,12-15
67 → Röm 1,18ff
68 Lk 12,51
69 Joh 5,43
70 → Röm 12,1-2
71 Mt 13,29f
72 Mt 7,15
73 Mt 16,6
74 → Mt 6,24

12 Annahme des Hier-seins: zu dessen Vollendung

75 Jer 29,11
76 Jes 9,1
77 → Mt 8,22
78 Joh 3,3
79 Dietrich Bonhoeffer, Brevier, Chr. Kaiser Gütersloher Verlagshaus, 1998, S. 492
80 Ebd. S.492
81 Johannes Tauler, B.1,S.198
82 → Lk 23,39ff
83 → Eph 1,10; Kol 1,19f
84 → Mt 11,16-19
85 Jes 40,31a
86 Bonhoeffer S. 495; → S. 494-498
87 Wolfgang Riehle: Die Wolke des Nichtwissens, Johannes, 1980. S. 33
88 Meister Eckehart, Pred. 6, S. 180f
89 Ebd, Pred. 35, S.320
90 Tauler, B.1, S.195f
91 Jer 17,10

13 Eigen-Wille: der sich- an sich selbst – fesselnde Wille

92 Joh 6,26
93 Eckehart, S. 181,13f
94 Lebens-Impuls → Mk 12,30-33
95 Eckehart, S. 181,15f
96 → Jes 5,1-7
97 Jer 5, 23
98 Joh 5, 30b
99 Der Frankforter, Theologia Deutsch, Johannes Verlag, 1980, S. 131
100 → Eph 3,16-19
101 Der Frankforter, S. 131
102 Bonhoeffer, S. 28
103 Jona 3,10b – 4,1
104 → Lk 23, 35 – 37
105 → Mt 27,17f; Lk 4,16 – 30
106 → Lk 15, 25ff
107 Bonhoeffer. S. 178f

14 Erwachen: vom Natürlichen zur übernatürlichen Wurzel unseres Seins

108 Lk 15,1
109 → Off 3,20
110 Jer 9,4
111 Lk 18,13
112 Gerhard Lohfink, Braucht Gott die Kirche? Herder, 1989, S. 33
113 → Lk 18,14b
114 Lk 17,33a
115 → Lk 6,39-42
116 Gerhard Lohfink, S. 28
117 Tamaki, Dōgen, Bd. 2, S. 274
118 Dōgen, Bd.1, S. 290
119 Ebd.
120 Ebd.
121 Ebd. S. 290f
122 Ebd. Bd.2, S. 272f
123 Tauler, Bd. 2, S. 375
124 Tauler, Bd. 2, S. 375f
125 → Lk 23, 41ff
126 2 Kor 5,14b; 17
127 Joh 16,2f

16 Ignoranz aus Un-wissen

128 Ps 86,11
129 Apg 7,51-60
130 Dt 6,4f
131 Dt 30,11ff
132 Dt 30,15f
133 → Jes 6,9-13
134 Ez 36,25-27
135 Edith Stein, Kreuzeswissenschaft, Herder, 1950, S. 143
136 Ebd. S. 145
137 Lk 23,34
138 Joh 1,5

17 Handeln: die vermeintlich gute Absicht im Tun

139 Gal 6,7b
140 → Gal 2,16
141 → Mt 6,1-4
142 → Tauler, Bd. 2, Pred. 62
143 → Mt 7,1-5
144 → Mt 12,30
145 Mt 19,17
146 → Joh 2,23-25
147 → Jak 3,13-16

18 Misstrauen: das entzweite Herz, die zerbrochene Einheit

148 Mt 25,24f
149 → Mt 13,24ff
150 → Lk 19,22a
151 → Joh 8,32-36
152 Eph 4,6
153 Mt 25,29
154 J. u. W. Grimm, Deutsches Wörterbuch, Verlag dtv, 1984, Bd. 12, S. 2315
155 1 Sam 18,1ff
156 Lohfink, Braucht Gott die Kirche?, S.117 (→ Ex 16,1ff)
157 → Gen 3,1ff
158 → Lk 11,23
159 → Lk 7,22f
160 → Lk 15,1ff; Ps 23,1ff
161 → Gen 4,1ff
162 → Mt 8,22; Ps 81,11-13; Jes 30,9-11

163 → Julian of Norwich, Offenbarungen von göttlicher Liebe, Johannes Verlag, S. 94ff [Juliana verweist hier auf die Ursache dessen, was besonders bei Menschen, die nach dem Willen Gottes fragen, am meisten quält: Ungeduld und Verzweiflung aus kleingläubiger Furcht. Das Versteck dieses zweifachen Siechtums aufzudecken, um das hierdurch verursachte Leiden an seiner Wurzel zu durchschauen, ist die Voraussetzung dafür, hiervon frei zu werden]
164 → Weish 11,23-12,2
165 → Mt 18,23-35
166 → Mt 18,21f
167 → Mk 4,24f; 2 Kor 1,18-22
168 Therese von Lisieux, in: Rudolf Stertenbrink, allein die Liebe Herder, 1980, S. 195
169 → Joh 8,12-59
170 Bohoeffer , S.433

19 Unversöhnt: das Unvermögen zu verzeihen

171 Mk 6,19
172 → Kol 1,20
173 → Mt 8,22
174 Mt 12,30
175 → Jak 4,7-10
176 Mt 5,3
177 Lohfink, S.73 [Über die hier im Kontext dargelegte Bedeutung von Sammlung ist Sammeln auch der Kern für Versöhnung mit sich selbst: alles, was disparat – unsere Vermögen betreffend – vagabundiert, muss sich sammeln, damit Versöhnung überhaupt geschehen kann. Wird Ez 37,21 bildhaft gelesen, kann dieser Aspekt für uns in den Blick kommen].
178 → Mt 6,14f
179 → Gal 6,2
180 Kol 1,19f
181 2 Kor 5,18-21
182 Tamaki, Bd. 1, S. 342f

20 Sich-erkennen : erkenn seiner selbst

183 Klgl 2,14
184 Ps 8,5
185 Tamaki, Dōgen Bd 1, S. 28
186 Tauler, Bd. 1, Prd. 6, S.42
187 Ebd. S.43ff

188 Philosophisches Wörterbuch, Heinrich Schmidt, Kröner-Verlag, 1978, S. 630
189 Tamaki, Dōgen, Bd. 2, S. 115f
190 Mt 5,45
191 Ebd. Bd. 1, S.46f
192 Ps 8,5-6
193 Edith Stein, Endliches und Ewiges Sein, Herder, Freiburg, 1950, S. 465
194 Gerhard Lohfink, Braucht Gott die Kirche?, Herder, 1998, S. 19
195 Die Wolke des Nichtwissens, Johannes Verlag, 1980, S. 35
196 Ebd, S.145
197 Teresa von Avila, Die innere Burg, Diogenes, 1979, S. 19
198 Bonhoeffer, S. 489
199 → Mt 16,24ff

21 Dämmerzustand: das Sich-irren zwischen Leben und Tod

200 Weish 2, 5f
201 → Jak 4,13-17
202 Tauler, Bd. 1, S. 157
203 → Eph 2,1-10
204 → Lk 12,16-21
205 Tauler, Bd. 2, S. 560
206 → Mk 12,1ff
207 Sir 41,10a
208 Bonhoeffer S. 151
209 Joh 12,24
210 → Mt 8,22
211 Joh 12,25; → Eckehard Pred.17
212 → Mt 23,37-40
213 Sir 17,11 – apokr.
214 → 1 Kor 15,54-57
215 Röm 6,8
216 → Joh 11,25f
217 Bonhoeffer S. 236
218 → Ex 16,3
219 Sir 18,8-14
220 Mt 10,28
221 Mt 25,40ff
222 → Tob 13,1-18
223 Lk 12,10b
224 Jak 5,20

23 Kehre: zum Leben-Selbst aus Not

225 Jes 55,7
226 → Jak 4,1ff
227 → Lk 15,11ff
228 → Mk 10,17-27
229 Röm 2,4
230 Jak 5,20; → Spr 10,12
231 Ps 33,18
232 → Tob 1,16-22
233 Bonhoeffer, S. 144
234 Tauler, Bd. 1, S. 197
235 → Spr 17,3
236 Nikolaus von Kues, über den Frieden im Glauben, Kapitel 2, S. 9
237 → Dt 6,4-6
238 Kol 2,8
239 Lk 10,21f
240 Nikolaus von Kues, ebd.
241 → Mt 22,2-6; Lk 14,15-20
242 Lk 16,31
243 → Lk 17,12ff
244 → Lk 23,39-43
245 Ladislaus Boros, Aus der Hoffnung leben, S. 150, Walter-Verlag, Orten Freiburg 1968
246 Bonhoeffer, S. 180
247 → Lk 10,25-37; 14,12-14; Mt 6,3f
248 → Mt 5,43-48
249 → Lk 15,11ff
250 → Mt 20,1ff

Wisse um dein selbst

251 → Mt 5,1-12
252 → Joh 8,12
253 Mt 22,37-39
254 → Mt 23-1-38
255 Am 5,15
256 → Joh 3,3ff
257 Mt 23,9
258 Mt 23,11-12
259 Mt 6,3-4
260 Joh 10,27